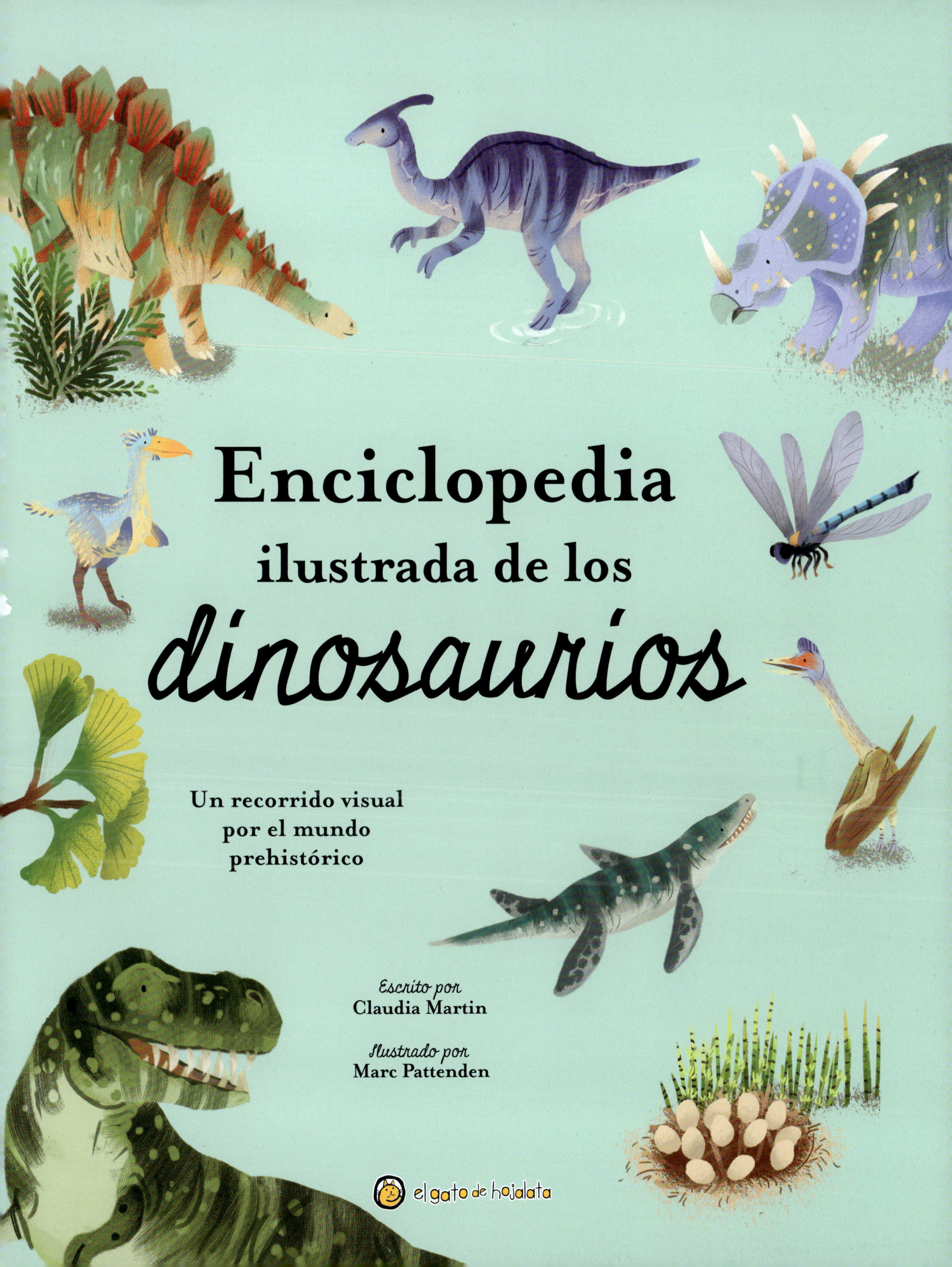

Enciclopedia ilustrada de los *dinosaurios*

Un recorrido visual por el mundo prehistórico

Escrito por
Claudia Martin

Ilustrado por
Marc Pattenden

el gato de hojalata

Dirección editorial: María José Pingray
Coordinación de proyecto: Jesica Ozarow
Traducción: Luz Azcona
Edición: Pamela Pulcinella
Diagramación: Daniela Rositto
Corrección: Valeria Iozzo
Producción industrial: Aníbal Álvarez Etinger
Asistente de producción: Camila Fernández

Libro de edición argentina.
Impreso en China, en marzo de 2024.

Enciclopedia ilustrada de los dinosaurios / coordinación general de María José Pingray; editado por Pamela Pulcinella. - 1a ed. - Ciudad Autónoma de Buenos Aires : El Gato de Hojalata, 2024.
128 p. ; 28 x 23 cm.
ISBN 978-987-820-667-7
1. Dinosaurios. I. Pingray, María José, coord. II. Pulcinella, Pamela, ed.
CDD 808.068

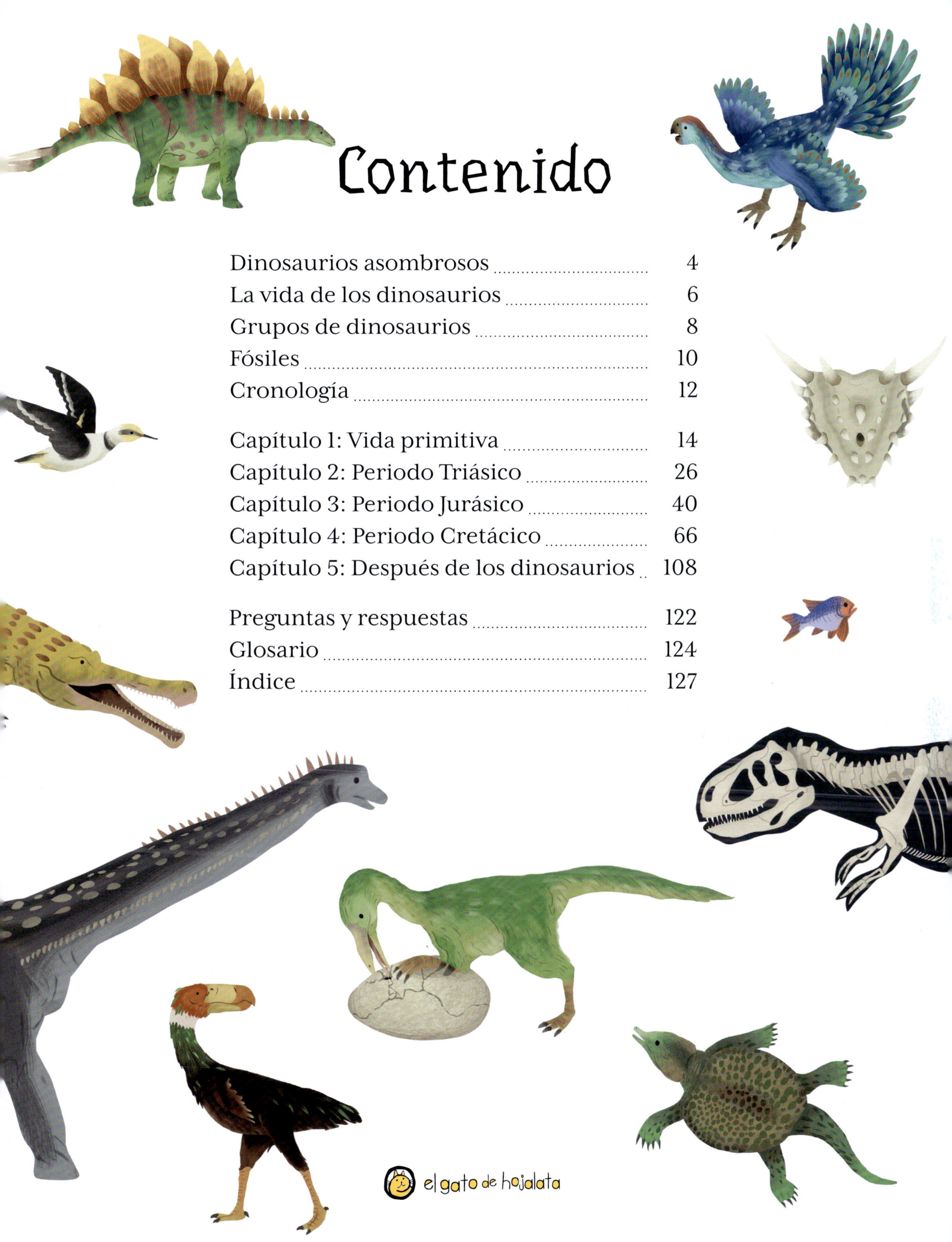

Contenido

el gato de hojalata

Dinosaurios asombrosos

Los dinosaurios fueron un grupo asombroso de reptiles: feroces y pacíficos, enormes y diminutos, veloces y pesados. Caminaron sobre la Tierra desde hace unos 233 millones de años hasta hace 66 millones de años. Los reptiles actuales incluyen a los cocodrilos, los lagartos y las serpientes. La mayoría tiene la piel cubierta de escamas, respira aire con los pulmones y pone huevos de cáscara dura en la tierra. Los dinosaurios compartían estas características, aunque algunos tenían plumas además de escamas. Los primeros reptiles vivieron hace unos 312 millones de años. A lo largo del tiempo, cambiaron (o evolucionaron) lentamente, y así dieron lugar a muchos grupos diferentes.

Durante los 167 millones de años en los que los dinosaurios nacieron, se alimentaron, bebieron, durmieron y lucharon, también evolucionaron en más de mil especies distintas. Una especie es un grupo de animales que comparten ciertas características y que pueden reproducirse entre sí. La evolución se produce porque los padres transmiten ciertos rasgos a sus crías. Algo útil, como tener un cuello largo que le permite a un animal herbívoro alcanzar ramas más altas que sus rivales, le da más posibilidades de sobrevivir, hasta que madura lo suficiente como para tener sus propias crías de cuello largo. Estas crías, a su vez, transmiten sus cuellos largos a sus hijos... y con el tiempo, la característica útil se hace común. Cuando una especie ha cambiado tanto que sus individuos ya no pueden reproducirse y dejar descendencia fértil, los científicos la denominan nueva especie.

A medida que evolucionaban nuevas especies de dinosaurios, otras desaparecían. Algunas se extinguieron porque evolucionaron otras más grandes y con dientes más afilados que las mataron; porque había dinosaurios más rápidos o más altos que les robaban sus presas o comían sus árboles. Al final, todos se extinguieron cuando una roca espacial, conocida como meteorito, impactó contra la Tierra. Sin embargo, podríamos decir que... ¡algunos siguen vivitos y coleando! Pues antes del impacto del meteorito, muchos habían desarrollado picos, plumas y alas, y volaban hacia el cielo como pájaros.

El *Opisthocoelicaudia* fue un dinosaurio herbívoro que vivió hace unos 70 millones de años. Además de su extenso cuello, tenía una cola larga y flexible que le ayudaba a mantener el equilibrio cuando se alimentaba de ramas altas.

Hace unos 130 millones de años, dos dinosaurios chapoteaban en un pantano en lo que hoy es el centro de España. El *Concavenator* jorobado intentaba apoderarse de un asustado *Pelecanimimus* con sus afiladas mandíbulas.

La vida de los dinosaurios

Los paleontólogos son científicos que estudian los fósiles de dinosaurios y de otros seres vivos que se han extinguido. Han podido reconstruir cómo lucían los dinosaurios y cómo se comportaban. Sin embargo, aún quedan muchos misterios por resolver, como por ejemplo qué tipo de ruidos hacían para mostrar simpatía o miedo.

DIFERENTES DEL RESTO

La mayoría de los reptiles tienen patas que se extienden hacia los costados, por lo que deben mover el cuerpo de un lado a otro cuando corren. Esto les dificulta la respiración y los hace más lentos. Algunos dinosaurios, en cambio, tenían una ventaja: caminaban con las patas traseras, de modo que podían dar pasos más largos y soportar más peso. Esto les permitía ser más rápidos y crecer más.

El Dubreuillosaurus

El reptil primitivo Nanoparia

CARNE Y PLANTAS

Los primeros dinosaurios eran carnívoros. Se alimentaban de diferentes animales, como insectos, peces, anfibios, mamíferos y reptiles, incluidos los propios dinosaurios. Con el tiempo, alrededor de dos tercios de ellos evolucionaron hasta convertirse en come-plantas, es decir, en herbívoros. Estos últimos se alimentaban de hojas, frutos, ramas y cortezas.

El Lucianovenator

HUEVOS

Como la mayoría de los reptiles y todas las aves, los dinosaurios ponían huevos. Las hembras llegaban a poner hasta treinta en un nido. Esos nidos los construían con lodo y hojas, o perforando el suelo. Se sentaban suavemente sobre los huevos para darles calor y, una vez que estos se rompían, cuidaban de sus crías. Algunos dinosaurios carnívoros, sin embargo, enterraban sus huevos en lugares seguros y luego se alejaban. Así, sus crías de garras afiladas debían cuidarse a sí mismas tras romper el cascarón.

El Oviraptor

Manada de Omeisaurus

LA VIDA EN MANADAS

Es probable que los grandes carnívoros cazaran solos, pero muchos herbívoros se desplazaban en manada. Vivir en grupo era más seguro, ya que juntos los dinosaurios podían morder, arañar y patear al depredador, o correr en distintas direcciones, dejándolo sin saber a quién perseguir. Posiblemente, utilizaban algún tipo de llamado para comunicarse. Algunos paleontólogos creen que estos llamados incluían ruidos estruendosos.

ESCAMAS Y PLUMAS

La mayoría de los dinosaurios tenían la piel cubierta de escamas, que son pequeñas placas hechas de queratina. Este resistente material también se encuentra en el pelo, en los cuernos y en las pezuñas. Las escamas protegían su piel de posibles daños. Algunos dinosaurios tenían placas más grandes y óseas, que ofrecían una protección aún mayor. Varios carnívoros tenían plumas, que también están hechas de queratina. Mientras que los primeros dinosaurios emplumados tenían plumas cortas y suaves para calentarse, a otros les crecieron plumas más largas y rígidas, y evolucionaron hasta convertirse en aves.

El Oksoko

El Panoplosaurus

Grupos de dinosaurios

Los dinosaurios pueden dividirse en grupos en función de sus similitudes. Los que son muy similares pertenecen a la misma especie. Las especies similares, a su vez, conforman grupos más grandes, las familias, que son parte de grupos aún más grandes, los subórdenes. Muchos paleontólogos agrupan a los dinosaurios en cuatro subórdenes: terópodos, sauropodomorfos, cerápodos y tireóforos.

El Megalosaurus

TERÓPODOS

La mayoría de los terópodos eran carnívoros y casi todos los dinosaurios carnívoros eran terópodos. Solían caminar sobre las patas traseras y con las delanteras atrapaban a sus presas. Los terópodos tenían huesos huecos, por eso eran más ligeros. Normalmente tenían tres dedos en los pies y tres en las manos.
La mayoría de los dinosaurios emplumados pertenecían al suborden de los terópodos, pero algunos grupos de terópodos tenían escamas. Los terópodos medían entre 34 cm (13 pulgadas) y 14,3 m (47 pies) de longitud.

SAUROPODOMORFOS

Estos dinosaurios eran herbívoros. Tenían cuellos largos para alcanzar alimentos altos o distantes, y colas largas para equilibrar el peso de sus cuellos. Los primeros sauropodomorfos caminaban sobre las patas traseras, pero los últimos eran tan grandes y pesados que andaban sobre sus cuatro patas. Alcanzaban los 35 m de longitud.

El Diplodocus

El Triceratops

CERÁPODOS

Los cerápodos eran herbívoros con picos duros cubiertos de queratina que usaban para cortar ramas y tallos. Sus dientes tenían bordes filosos que les permitían triturar las plantas. Algunos cerápodos andaban sobre dos patas y otros sobre cuatro. Entre los cerápodos se encontraban los ceratopsios, que a menudo tenían cuernos y volantes en el cuello, y los paquicefalosaurios, con cráneos abovedados.

TIREÓFOROS

Estos herbívoros tenían unas gruesas placas óseas como escudos que los protegían de los ataques. Debido al peso de estas, la mayoría caminaba sobre sus cuatro patas robustas (las delanteras eran más cortas que las traseras). Entre los tireóforos se encontraban los estegosaurios, que tenían hileras de escudos en la espalda, y los anquilosaurios, que a veces tenían una cola ósea.

El Estegosaurio

El Anquilosaurio

Pterodáctilo

Gryposuchus

PARIENTES DE DINOSAURIOS

Los dinosaurios formaban parte del grupo de reptiles llamado arcosaurios. Estos reptiles tenían ventajas, como dientes encajados profundamente en sus mandíbulas, lo que evitaba que se les cayeran fácilmente; y también presentaban aberturas adicionales en sus cráneos, lo que los hacía más ligeros. Otros arcosaurios incluían a los pterosaurios, que eran reptiles voladores; y a los pseudosuquios, que eran reptiles similares a los cocodrilos. Hoy en día, los únicos arcosaurios que sobreviven son las aves y los cocodrilos, junto con sus parientes.

Fósiles

Los fósiles nos han enseñado todo lo que sabemos sobre los dinosaurios y otros seres vivos que se han extinguido. Son los restos que se conservan de animales y plantas. Existen fósiles corporales y fósiles de huellas.

FÓSILES CORPORALES

La mayoría de los fósiles corporales se forman cuando un animal muerto se cubre de lodo o de arena, lo que puede ocurrir en el agua o en los desiertos. Las partes duras, como los huesos, los dientes y los cuernos, pueden conservarse. El lodo o la arena que se amontona sobre el cuerpo, a lo largo de miles de años, se endurece formando rocas como la lutita o la arenisca. El agua se filtra en los huesos y dientes, convirtiéndolos en roca al depositar sobre ellos materiales duros, conocidos como minerales.

Los animales que vivían en climas muy fríos, como los mamuts lanudos, podían congelarse. Muchos insectos se fosilizaron al cubrirse de una resina arbórea pegajosa que se endureció hasta convertirse en ámbar. Algunos animales se conservaron al caer en alquitrán (ver la página 116).

FÓSILES DE HUELLAS

Los fósiles de las huellas, las madrigueras y los nidos pueden formarse cuando el sol los seca y luego los cubre la arena o el lodo. Las huellas son fósiles especialmente útiles porque nos indican cómo caminaba o corría un animal.

Los paleontólogos hacen conjeturas sobre qué dinosaurio hizo cada tipo de huellas comparando el número y el tamaño de los dedos con los fósiles de pies encontrados en las cercanías. Para estimar la velocidad a la que caminaban o corrían, los paleontólogos miden la distancia entre las huellas y su profundidad. Cuando se encuentran varias huellas juntas, pueden saber si los dinosaurios vivían en manada.

Las heces fosilizadas, conocidas como coprolitos, conservan restos de huesos, caparazones u hojas, que informan a los paleontólogos sobre la dieta y los hábitos de masticación de un animal. No siempre se puede saber qué dinosaurio hizo qué coprolito, pero el tamaño, la forma y la ubicación de un coprolito dan pistas.

Un dinosaurio muere en la orilla del mar, se hunde y queda sepultado por la arena y el lodo.

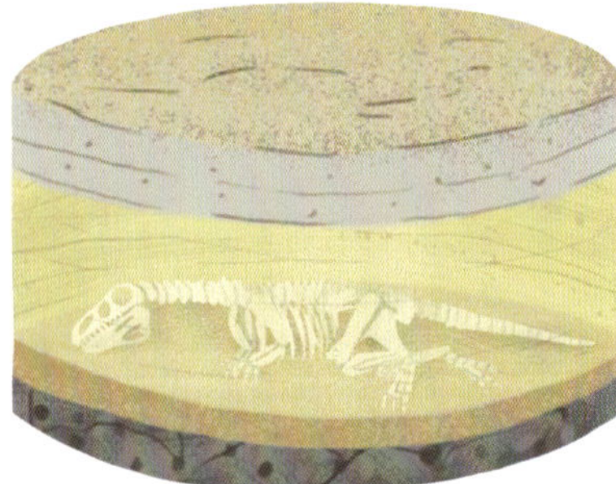

Bajo las capas de roca, los huesos y los dientes del dinosaurio son sustituidos por minerales.

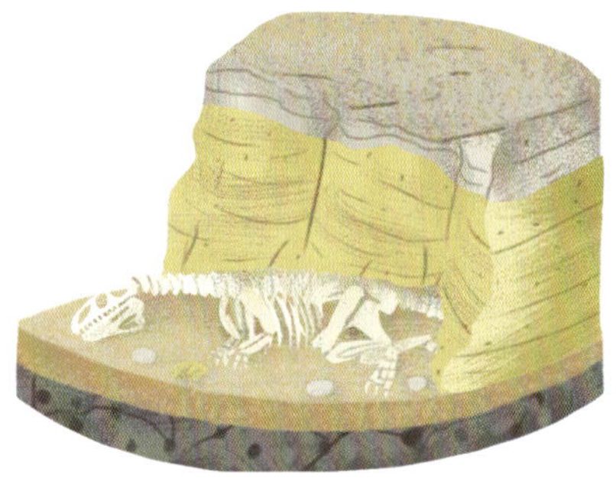

El fósil se eleva por los movimientos de las grandes placas que forman la superficie de la Tierra. La roca circundante se desgasta y deja al descubierto el fósil.

Los paleontólogos desentierran los fósiles con sumo cuidado, documentando cada hueso y su posición. Cuando examinan las formas de los huesos y los dientes de un dinosaurio, descubren cómo era el animal y cómo se comportaba. También examinan las capas de roca que rodean a un fósil para averiguar su antigüedad.

Cronología

Los primeros seres vivos, diminutos y muy simples, aparecieron en los océanos hace unos 3500 millones de años. A lo largo de miles de millones de años más, se desarrollaron hasta convertirse en todos los animales, plantas y demás seres que conocemos hoy en día.

PERIODOS DE TIEMPO

Los científicos dividen la historia de la Tierra en periodos de tiempo. Los comienzos y finales de estos periodos están marcados por grandes acontecimientos, como extinciones generalizadas o grandes pasos en el desarrollo animal. Los dinosaurios evolucionaron en el Triásico (hace 252-201 millones de años), dominaron la Tierra en el Jurásico (hace 201-145 millones de años) y desaparecieron al final del Cretácico (hace 145-66 millones de años).

Los ammonoideos eran criaturas que evolucionaron hace unos 409 millones de años. Se utilizan como «fósiles de datación», ya que la presencia de una determinada especie de ammonoide en una capa de roca ayuda a los paleontólogos a identificar la época.

HACE 312 MILLONES DE AÑOS

Los reptiles evolucionan a partir de los anfibios. Son los primeros vertebrados que pasan toda su vida en tierra firme. Respiran aire a través de sus pulmones y ponen huevos de cáscara dura.

HACE 233 MILLONES DE AÑOS

Evoluciona un grupo de reptiles llamados dinosaurios.

HACE 225 MILLONES DE AÑOS

Los mamíferos evolucionan junto con los reptiles. Les crece pelo y suelen tener crías a las que alimentan con leche. Los mamíferos utilizan los pulmones para respirar.

HACE 4500 MILLONES DE AÑOS

La Tierra se forma en la nube de polvo que gira alrededor del joven Sol.

HACE 600 MILLONES DE AÑOS

Los animales evolucionan en los océanos. Los primeros animales son invertebrados, es decir, no tienen columna vertebral. La mayoría de los animales actuales, desde los insectos hasta las medusas, siguen siendo invertebrados.

HACE 530 MILLONES DE AÑOS

Los peces evolucionan a partir de los invertebrados. Son los primeros animales vertebrados. Respiran tomando oxígeno del agua mediante branquias. Tienen aletas y la piel cubierta de escamas.

HACE 350 MILLONES DE AÑOS

Los anfibios evolucionan a partir de los peces. La mayoría de los anfibios pasan la primera parte de su vida en el agua y respiran por medio de branquias, pero desarrollan pulmones y se trasladan a la tierra cuando son adultos.

HACE 72 MILLONES DE AÑOS

Las aves evolucionan a partir de los dinosaurios terópodos. Tienen plumas, alas y pico. Ponen huevos de cáscara dura y toman aire a través de los pulmones.

HACE 66 MILLONES DE AÑOS

Los dinosaurios y la mayoría de los animales grandes se extinguen después de que un meteorito impacta contra la Tierra. Alrededor del 20 % de los animales sobrevive.

Vida primitiva

Hace unos 4500 millones de años, la Tierra se formó a partir del polvo que se arremolinaba alrededor del Sol recién nacido. La joven Tierra era muy caliente. Durante los primeros mil millones de años no hubo vida en ella. Pero cuando se enfrió lo suficiente como para que lloviera y los mares fluyeran, ocurrió algo extraordinario: aparecieron las primeras formas de vida en los océanos. Estos seres eran diminutos y simples, pero con el tiempo evolucionaron hasta convertirse en todos los seres vivos de nuestro planeta, desde las plantas y los hongos hasta los animales. Hoy existen dos grandes grupos de animales: los invertebrados y los vertebrados. Estos últimos, a su vez, se dividen en cinco subgrupos: peces, anfibios, reptiles, mamíferos y aves. A principios del Triásico (ver la página 26), ya habían evolucionado los cuatro primeros grupos de animales.

Los primeros animales simples evolucionaron en los océanos hace unos 600 millones de años. Eran invertebrados, es decir que no tenían columna vertebral ni esqueleto interno. Salieron de los océanos y llegaron a tierra firme hace unos 420 millones de años. Los primeros vertebrados fueron los peces. Evolucionaron a partir de invertebrados nadadores hace unos 530 millones de años. Después, hace unos 350 millones de años, los anfibios evolucionaron a partir de los peces. Los anfibios fueron los primeros animales con cuatro patas, conocidos como tetrápodos. Todos los tetrápodos actuales (anfibios, reptiles, mamíferos y aves) descienden de aquellos. Esto incluye a los tetrápodos que han perdido las patas, como las serpientes. También a los que han desarrollado alas o aletas en lugar de patas, o a los que han aprendido a andar sobre dos patas, como los humanos. Los anfibios ponían huevos gelatinosos en el agua y pasaban allí sus primeros días, pero de adultos desarrollaban pulmones que les permitían respirar aire y sobrevivir fuera del agua. Los anfibios fueron los primeros vertebrados en pasar tiempo en tierra firme.

Los reptiles evolucionaron a partir de los anfibios hace unos 312 millones de años. Fueron los primeros vertebrados que pasaron todo su tiempo sobre la superficie terrestre. Nacieron con pulmones para respirar aire, su piel cubierta de escamas no necesitaba permanecer húmeda y sus huevos de cáscara dura no se secaban fuera del agua. Estas características contribuyeron a que empezaran a dominar la Tierra.

El reptil *Bunostegos* vivió en África hace unos 252 millones de años. Su piel estaba protegida por escamas y placas óseas. Desapareció en la ola de extinciones que marcó el inicio del periodo Triásico.

Hace unos 280 millones de años, el anfibio *Eryops*, que se alimentaba de peces, era uno de los mayores depredadores de lo que hoy es Norteamérica (medía hasta 2 m de longitud). Distraído mientras captura a su presa, el *Eryops* no se percata de la llegada de un depredador rival, el *Dimetrodon*, un reptil pariente de los mamíferos. La visión de la alta vela trasera del *Dimetrodon* puede asustar al *Eryops* y hacer que suelte su futuro alimento.

El fondo marino ediacárico

Hace unos 555 millones de años, el sur de Australia estaba cubierto por el océano. En la zona de las montañas Ediacara, se encontraron fósiles tan importantes que la región dio su nombre a un periodo de tiempo, el Ediacárico, que comenzó hace 635 millones de años y se prolongó hasta hace 538 millones de años.

En este periodo aparecieron los primeros animales simples, que evolucionaron a partir de formas de vida oceánicas aún más simples. Su aspecto era extraño, y si bien se extinguieron hace millones de años, algunos de sus descendientes evolucionaron en los animales que conocemos hoy. Los ediacáricos tenían un cuerpo simétrico y blando, sin caparazón ni huesos. Algunos eran sésiles, es decir que se quedaban fijos en un lugar como lo hacen los corales modernos, y otros se movían por el fondo marino. No tenían boca y no se cazaban entre sí, sino que absorbían minúsculas formas de vida o nutrientes del agua o del lecho marino.

DICKINSONIA

Su cuerpo, de hasta 1,4 m de longitud, estaba dividido en segmentos. Cada uno de ellos estaba lleno de líquido, y puede que por allí haya circulado el alimento del animal. El *Dickinsonia* probablemente absorbía partículas de materia viva a través de su parte inferior, mientras se desplazaba lentamente por el fondo marino.

SPRIGGINA

Tenía un cuerpo más duro que la mayoría de los ediacáricos, y muchos segmentos cubiertos por placas resistentes. Los delanteros estaban fusionados en una cabeza, que contenía un cerebro básico, lo que posiblemente haya hecho que el *Spriggina* fuera el primer animal «inteligente».

CHARNIA

Aunque parecía una planta, *Charnia* era probablemente un animal que se sujetaba al fondo marino. A diferencia de las plantas, que generan su alimento gracias a la luz solar, se cree que absorbía nutrientes del agua.

CYCLOMEDUSA

Puede haber sido un animal sésil o una colonia de bacterias que vivían juntas, formando una alfombra. Los especímenes medían de 5 cm (2 pulgadas) a cerca de 1 m (3,3 pies) de diámetro.

TRIBRACHIDIUM

Su nombre significa «tres brazos» en latín. Tenía tres extremidades (o lóbulos) retorcidos en una espiral suelta. Aunque estas no se movían, el agua fluía por ellas y llegaba a tres fosas en las que se acumulaban las partículas de alimento.

PARVANCORINA

Su nombre en latín significa «ancla pequeña». Medía 1 cm de largo, tenía una cresta en el centro del cuerpo y otra curvada en la cabeza. Probablemente permanecía contra la corriente, ingiriendo partículas de comida mediante pequeñas aberturas.

Arthropleura

El *Arthropleura*, de hasta 2,5 m de longitud, fue el mayor invertebrado terrestre que jamás haya existido. Era un tipo de invertebrado con muchas patas articuladas. Como los invertebrados actuales (incluidos los milpiés, los insectos y las medusas), no tenía una columna vertebral u otro esqueleto interno.

EL PASO A TIERRA FIRME

Hasta hace unos 518 millones de años, todos los animales eran invertebrados. Los milpiés evolucionaron hace 420 millones años a partir de otros invertebrados marinos. Para vivir en la tierra, los milpiés desarrollaron espiráculos, que son orificios a través de los cuales absorben el oxígeno del aire. Fueron los primeros animales terrestres conocidos, muchos millones de años antes de que los vertebrados aparecieran.

Al igual que los insectos, los cangrejos y las arañas, los milpiés son artrópodos. Tienen una cubierta exterior dura, un cuerpo segmentado y pares de patas articuladas. Se los suele llamar «fósiles vivientes», porque han cambiado poco a lo largo de los años. En la actualidad, existen más de 12.000 especies. Aunque milpiés significa «mil patas» en latín, la mayoría tienen entre 40 y 400 patas. El *Arthropleura* tenía de 28 a 32 segmentos corporales, con unos ocho pares de patas por cada seis segmentos.

GIGANTE EN CRECIMIENTO

Una huella fosilizada de milpiés mide 50 cm (20 pulgadas) de ancho. Se calcula que uno de los exoesqueletos fosilizados, que el milpiés fue desprendiendo a medida que crecía, pertenecía a un *Arthropleura* que pesaba 50 kg (110 libras). El *Arthropleura* pudo evolucionar hasta ser tan grande porque no tenía depredadores o tenía pocos. Además, la atmósfera terrestre por entonces contenía mucho más oxígeno (utilizado por las células de los animales para producir energía) que en la actualidad. De este modo, los animales disponían de más combustible y crecían más.

Nadie sabe con certeza qué comía el *Arthropleura* porque no se han encontrado piezas bucales fosilizadas. Sin embargo, de haber tenido una mandíbula fuerte con la que morder a sus presas, probablemente habría sobrevivido. Esto hace pensar a los paleontólogos que, como la mayoría de los milpiés modernos, se alimentaba de plantas y de material en descomposición. El *Arthropleura* se extinguió hace 290 millones de años, quizás debido al cambio climático y a la creciente competencia que representaron vertebrados terrestres como anfibios y reptiles.

Algunos datos sobre el Arthropleura

FILO	Artrópodos
CLASE	Diplopodos
ORDEN	Artropléuridos
ESPECIE	*Arthropleura armata*
ÁREA DE DISTRIBUCIÓN	América del Norte y Europa
PERIODO DE TIEMPO	Hace 345-290 millones de años
TAMAÑO	1,9-2,5 m (6,2-8,2 pies) de longitud

Un *Arthropleura* se alimenta de plantas en descomposición, mientras que por encima de su cabeza se lanza una *Meganeura*. Emparentada con las libélulas modernas, la *Meganeura* fue uno de los insectos voladores más grandes que se haya conocido, con un tamaño de hasta 70 cm.

East Kirkton

En las canteras de East Kirkton, en Escocia, se han encontrado algunos de los primeros fósiles de tetrápodos terrestres. Tienen unos 335 millones de años. Son animales con cuatro extremidades y columna vertebral. De ellos evolucionaron los actuales anfibios, reptiles, aves y mamíferos.

Los fósiles de East Kirkton nos muestran cómo los tetrápodos se adaptaron a la vida terrestre. Algunos son anfibios, como las ranas modernas. La mayoría de los anfibios pasan sus primeros años de vida en el agua, pero luego desarrollan pulmones y pueden vivir en la tierra cuando son adultos.

Otros fósiles de East Kirkton son tetrápodos con características tanto de anfibios como de reptiles. Estos permiten vislumbrar cómo los reptiles evolucionaron a partir de los anfibios, desarrollando rasgos como la piel escamosa a medida que se alejaban del agua.

BALANERPETON

Era un anfibio de hasta 50 cm de longitud. Ponía huevos en el agua, de los que nacían larvas acuáticas que tomaban el oxígeno mediante branquias. De adulto, pasaba tiempo en la tierra, donde respiraba tomando el aire gracias a sus pulmones.

KIRKTONECTA

Pertenecía al grupo de los microsaurios, pequeños anfibios de dientes afilados. Probablemente se alimentaba de insectos y larvas capturados en el agua dulce y sus alrededores.

WESTLOTHIANA

Era un anfibio parecido a un reptil o posiblemente uno de los primeros reptiles. Tenía la piel escamosa y el cuerpo similar al de un lagarto. Como no se han encontrado huevos, no podemos saber si ponía huevos gelatinosos en el agua, como un anfibio, o de cáscara dura en la tierra, como un reptil.

SILVANERPETON

Al igual que el *Westlothiana* y el *Eldeceeon*, era un reptiliomorfo, un tetrápodo con rasgos de reptil. Sin embargo, su cuerpo largo y liso y sus patas cortas sugieren que pasaba gran parte de su tiempo en el agua, donde atrapaba invertebrados con su fuerte mandíbula.

BRIGANTIBUNUM

Era un tipo de araña llamada «papá de piernas largas». Estas arañas han cambiado poco desde que evolucionaron hace unos 410 millones de años. Las arañas son invertebrados, los primeros animales que vivieron en tierra firme, hace unos 425 millones de años.

ELDECEEON

Sus largas y fuertes patas sugieren que vivía enteramente en la tierra. Con unos 35 cm de largo, probablemente caminaba largas distancias en busca de insectos, arañas y plantas para comer.

Hylonomus

Fue uno de los primeros reptiles. Vivió en lo que hoy es Canadá hace unos 312 millones de años. No medía más de 25 cm de largo y tenía el aspecto de un lagarto moderno. Sin embargo, no estaba estrechamente emparentado con los lagartos, que evolucionaron hace unos 200 millones de años.

HABITANTE DEL BOSQUE

Hylonomus significa «habitante del bosque» en griego antiguo. Sus fósiles se han encontrado en una región que, por entonces, estaba cubierta de selva tropical. Junto a ríos serpenteantes crecían plantas gimnospermas y altos musgos, mientras que los helechos cubrían el suelo.

Durante las tormentas, los musgos se volaban y sus tocones se pudrían y se ahuecaban. Los *Hylonomus* se arrastraban hasta estos cálidos huecos en busca de refugio. Se han encontrado varios fósiles en el interior de los tocones que se han preservado.

Algunos datos sobre el Hylonomus

CLASE	Reptiles
CLADO	Eureptiles
ESPECIE	*Hylonomus lyelli*
ÁREA DE DISTRIBUCIÓN	Canadá, en Norteamérica
PERIODO DE TIEMPO	Hace 312 millones de años
TAMAÑO	20-25 cm (8-10 pulgadas) de largo

REPTIL PRIMITIVO

El *Hylonomus* es, según coinciden los paleontólogos, el reptil más antiguo. Otros animales anteriores parecidos a los reptiles, como el *Westlothiana* (ver la página 21), probablemente representan etapas en la lenta evolución entre los anfibios y los reptiles.

Como la mayoría de los reptiles que difieren de los dinosaurios, el *Hylonomus* tenía las patas extendidas hacia los costados, por lo que su cuerpo se mantenía pegado al suelo y tenía que retorcerse de un lado a otro mientras corría. Esto significa que, aunque podía desplazarse con bastante rapidez, tenía que detenerse con frecuencia para recuperar el aliento. Probablemente, lo más seguro para el *Hylonomus* haya sido no alejarse mucho del tronco de musgo al que consideraba su hogar.

Como otros reptiles primitivos, el *Hylonomus* era carnívoro. Tenía mandíbula delgada y dientes chicos y afilados, adecuados para capturar pequeños invertebrados como milpiés, arañas e insectos. Por entonces, los insectos eran los antepasados de las cucarachas, las libélulas y las moscas de mayo actuales, pero aún no existían los escarabajos ni las abejas.

El propio *Hylonomus* era presa de grandes anfibios como el *Baphetes*, en cuyo cráneo, que medía unos 30 cm de largo, tenía dientes en forma de aguja.

Al igual que otros reptiles primitivos, el *Hylonomus* no tenía aberturas en los huesos del cráneo, aparte de los ojos y las fosas nasales. Los dinosaurios, en cambio, tenían varias aberturas en el cráneo (ver la página 36) que los hacían más ligeros.

El *Hylonomus* intenta atrapar un *Palaeodictyoptera*, conocido como «insecto de seis alas». A diferencia de la mayoría de los insectos modernos, que tienen dos pares de alas, los *Palaeodictyoptera* tenían un par en cada uno de los tres segmentos de su tórax (la zona entre el abdomen y la cabeza). El par delantero (aquí representado en amarillo) era mucho más pequeño que los dos pares traseros.

Pareiasaurus

Estos herbívoros fueron los reptiles más grandes del periodo Pérmico. Su nombre, que significa «lagarto de mejillas» en griego antiguo, se debe a sus anchos pómulos. Tenían patas cortas y gruesas, una cabeza pequeña y un cuerpo robusto protegido por placas óseas recubiertas de cuernos, llamadas escudos.

SCUTOSAURUS

Este reptil recibió el nombre de «lagarto escudo» por su cobertura. Sus anchos pómulos terminaban en pinchos. De patas cortas y cuerpo pesado, utilizaba sus escudos para protegerse de ciertos antepasados mamíferos de dientes afilados, como la *Inostrancevia*.

BUNOSTEGOS

Su nombre significa «cubierta nudosa» en griego antiguo. Tenía grandes protuberancias óseas recubiertas de piel en la cabeza. Es probable que haya tenido éxito a la hora de aparearse. Su postura era más erguida que la de otros reptiles de su época, pues tenía las patas debajo del cuerpo en lugar de extendidas hacia los lados, lo que le permitía correr con más facilidad.

NANOPARIA

Fue uno de los Pareiasaurus más pequeños, solo medía unos 60 cm de largo y pesaba entre 8 y 10 kg. Su cuerpo ancho, protegido por una cubierta de escudos parecida a un caparazón, ha llevado a algunos paleontólogos a creer que estaba emparentado con las tortugas, que evolucionaron en el Jurásico tardío.

ARGANACERAS

Su ancho hocico tenía un pequeño cuerno de hueso. No era lo suficientemente grande como para defenderlo de los atacantes, por lo que puede haber sido una característica que lo ayudó a reconocer a otros miembros de su especie entre las manadas de herbívoros.

PAREIASAURUS

Al igual que otros Pareiasaurus, este reptil tenía dientes en forma de hoja, ideales para morder materia vegetal dura, como tallos y ramas. El techo óseo de la boca también tenía dientes para triturar. Sus patas eran gruesas y muy musculosas, para soportar un peso de hasta 600 kg.

Algunos datos sobre los Pareiasaurus

CLASE	Reptiles
SUBCLASE	Parareptiles
ORDEN	Procolophonomorpha
ÁREA DE DISTRIBUCIÓN	En todo el mundo
PERIODO DE TIEMPO	Hace 265-252 millones de años
TAMAÑO	0,6-3 m (2-9,8 pies) de longitud

ELGINIA

Este Pareiasaurus debe su nombre a la localidad escocesa de Elgin, donde se han encontrado sus fósiles. Durante el periodo Pérmico, esta región era seca y arenosa. Su cráneo estaba adornado con 40 cuernos o protuberancias. Al igual que un ciervo macho en la actualidad, un macho *Elginia* probablemente exhibía sus cuernos para atraer a las hembras e intimidar a los machos de cuernos más pequeños.

Periodo Triásico

El principio y el final del periodo Triásico (hace 252-201 millones de años) estuvieron marcados por el desastre. Al comienzo del periodo, enormes erupciones volcánicas elevaron la temperatura de la Tierra y provocaron la extinción de hasta el 90 % de todas las especies animales. Al final, los cambios climáticos generaron de nuevo la extinción de un número incontable de especies acuáticas y terrestres. Sin embargo, esto hizo florecer a los animales supervivientes, que pudieron aprovechar los recursos disponibles y trasladarse a nuevos hábitats, adaptarse y evolucionar.

Algunos reptiles sobrevivieron a las extinciones que dieron comienzo al periodo Triásico. Se convirtieron en los animales terrestres más comunes, con la evolución de varios grupos nuevos y sorprendentes. Un nuevo grupo de reptiles fue el de los arcosaurios de dientes fuertes. Algunos de ellos, conocidos como pterosaurios, desarrollaron alas y fueron los primeros vertebrados en volar. Más o menos al mismo tiempo, evolucionó otro grupo de arcosaurios: los dinosaurios. Su postura erguida les permitía correr con rapidez, una ventaja que les ayudaría a dominar la Tierra (en el periodo Jurásico).

Durante el Triásico, la Tierra no tenía el aspecto actual. Su superficie está formada por gigantescas placas de roca, conocidas como placas tectónicas. Estas se mueven muy lentamente, se presionan, se separan o se desplazan unas respecto de otras. Durante millones de años, esto ha cambiado la forma de los continentes, ha levantado montañas y ha provocado terremotos y volcanes. Durante el Triásico, todos los continentes se unieron en un supercontinente, conocido como Pangea. El interior de Pangea era un desierto seco y caluroso, pero las costas y las zonas polares eran más templadas y húmedas. Había bosques de coníferas, cicadas y ginkgos, así como helechos y colas de caballo. Las gramíneas y otras plantas con flores aún no habían evolucionado.

El *Coelophysis*, que vivió hace 216-201 millones de años, fue uno de los primeros dinosaurios conocidos. Como la mayoría de los dinosaurios de entonces, era un cazador pequeño y delgado que caminaba sobre sus patas traseras.

En la Alemania del Triásico tardío, el dinosaurio *Liliensternus* ataca al apacible *Plateosaurus*. Con unos 5 m de longitud, el *Liliensternus* era pariente de los feroces dinosaurios posteriores, como el *Tyrannosaurus*. El *Plateosaurus* fue uno de los primeros sauropodomorfos, un grupo de cuello largo que incluía a gigantes como el *Diplodocus*.

Océano Tetis

Durante el periodo Triásico, el vasto océano Tetis cubría partes de lo que hoy es el sur de China, donde se encontraron innumerables fósiles. Hace 235 millones de años, aunque los dinosaurios no habían empezado a acechar la Tierra, los reptiles marinos dominaban este antiguo océano.

Los reptiles evolucionaron en tierra firme, pero hace unos 300 millones de años, algunos se adaptaron a la vida en el océano. Grupos como los ictiosaurios, con un cuerpo aerodinámico y extremidades parecidas a aletas, se adaptaron tanto que nunca volvieron a la tierra y tuvieron crías en el agua. Otros probablemente se acercaban a la tierra para poner huevos.

Durante el Triásico hubo varios centenares de especies de reptiles marinos. La mayoría se extinguieron, junto con los dinosaurios, a finales del Cretácico. En la actualidad, de las 12.000 especies de reptiles, solo unas cien viven en el océano: tortugas marinas, cocodrilos de agua salada, serpientes marinas e iguanas marinas.

ANSHUNSAURUS

Este talatosaurio, o «lagarto marino» en griego antiguo, medía hasta 3,5 m y nadaba agitando su larga cola aplanada. Sus anchos dientes eran adecuados para aplastar las conchas de animales como los ammonites.

GUIZHOUICHTHYOSAURUS

Llamado así por la provincia china de Guizhou, este ictiosaurio o «lagarto pez» nadaba contoneándose. Medía más de 6 m de largo y tenía una poderosa mandíbula que le permitía atrapar a otros reptiles de gran tamaño.

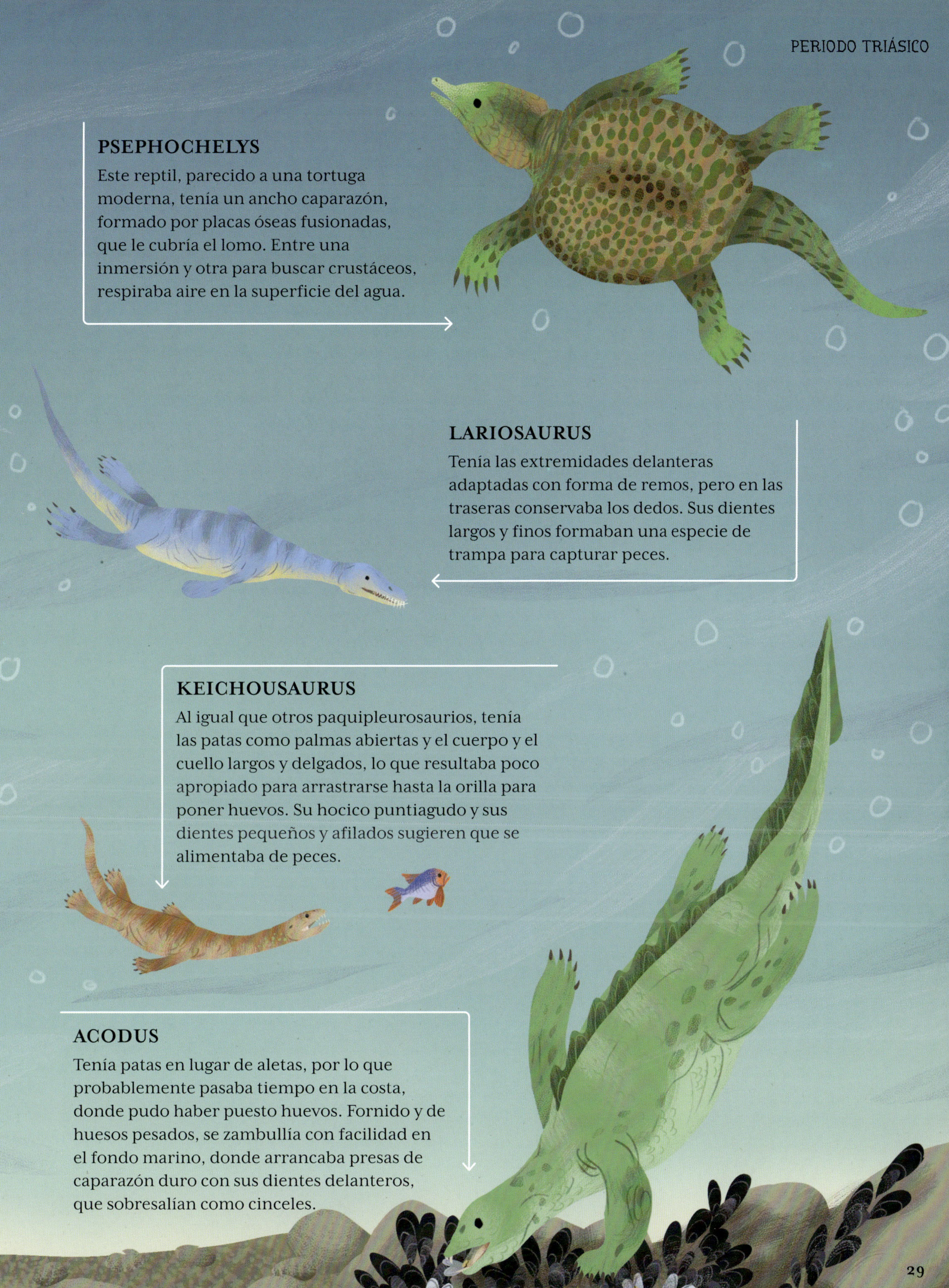

PSEPHOCHELYS

Este reptil, parecido a una tortuga moderna, tenía un ancho caparazón, formado por placas óseas fusionadas, que le cubría el lomo. Entre una inmersión y otra para buscar crustáceos, respiraba aire en la superficie del agua.

LARIOSAURUS

Tenía las extremidades delanteras adaptadas con forma de remos, pero en las traseras conservaba los dedos. Sus dientes largos y finos formaban una especie de trampa para capturar peces.

KEICHOUSAURUS

Al igual que otros paquipleurosaurios, tenía las patas como palmas abiertas y el cuerpo y el cuello largos y delgados, lo que resultaba poco apropiado para arrastrarse hasta la orilla para poner huevos. Su hocico puntiagudo y sus dientes pequeños y afilados sugieren que se alimentaba de peces.

ACODUS

Tenía patas en lugar de aletas, por lo que probablemente pasaba tiempo en la costa, donde pudo haber puesto huevos. Fornido y de huesos pesados, se zambullía con facilidad en el fondo marino, donde arrancaba presas de caparazón duro con sus dientes delanteros, que sobresalían como cinceles.

Eudimorphodon

Fue uno de los primeros pterosaurios conocidos. Parientes cercanos de los dinosaurios, los pterosaurios o «lagartos con alas» en griego antiguo, fueron reptiles voladores que evolucionaron hace unos 228 millones de años y desaparecieron junto con los dinosaurios, hace unos 66 millones de años.

LAGARTO CON ALAS

Como todos los pterosaurios, el *Eudimorphodon* tenía un cuarto dedo extremadamente largo en cada mano. Sus alas eran colgajos de piel que se extendían desde ese dedo hasta las patas traseras. Estaban reforzadas por músculos y tejidos resistentes, que lo ayudaban a aletear con fuerza. Los otros dedos tenían garras y sobresalían en la parte delantera del ala. Además, un hueso adicional de la muñeca, llamado pteroides, ayudaba a sostener el borde delantero del ala.

El cuerpo y la cabeza de los pterosaurios se mantenían calientes gracias a una cubierta de picnofibras, filamentos esponjosos similares al pelo. Al igual que las plumas y el pelo, contenían queratina. Se parecían a las suaves plumas de los primeros dinosaurios, o a las plumas cortas que tienen las aves modernas.

Cuando estaba en la tierra, el *Eudimorphodon* caminaba sobre sus cuatro patas, balanceándose sobre las traseras y apoyando los tres dedos cortos de las delanteras. Sin embargo, sus extremidades no eran lo suficientemente largas como para permitirle ir demasiado lejos. Para despegar, probablemente las utilizaba para darse impulso y saltar al aire.

Algunos datos sobre el Eudimorphodon

CLASE	Reptiles
ORDEN	Pterosaurios
FAMILIA	Eudimorphodontidae
ESPECIE	*Eudimorphodon ranzii*
ÁREA DE DISTRIBUCIÓN	Italia, en Europa
PERIODO DE TIEMPO	Hace 210-203 millones de años
TAMAÑO	0,9-1,1 m (3-3,6 pies) de largo

BUCEO EN BUSCA DE PECES

El *Eudimorphodon* vivía en las costas marinas. Volaba sobre el océano mientras observaba las olas en busca de peces y de otras pequeñas criaturas marinas, y luego se zambullía para capturar a sus presas con su mandíbula en forma de pico. Su nombre significa «dientes verdaderos de dos formas» en griego antiguo. Tenía 110 dientes apretados en su mandíbula de 6 cm de largo. En la parte delantera de la boca tenía dientes como colmillos, adecuados para agarrar peces resbaladizos. En la parte posterior tenía dientes más pequeños y planos con hasta cinco protuberancias, conocidas como cúspides. Estos trituraban las conchas de criaturas marinas como los ammonites.

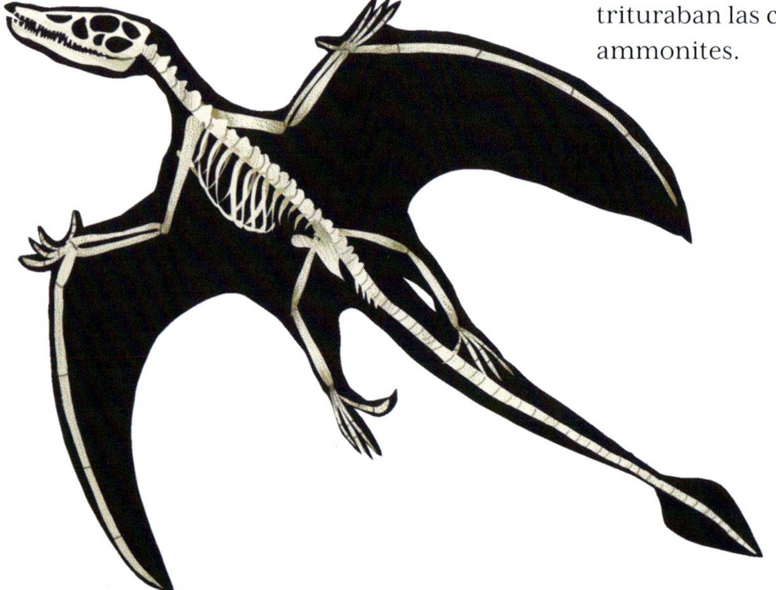

El cráneo del *Eudimorphodon* tenía varias aberturas y el resto de sus huesos eran delgados y huecos, lo que hacía que su esqueleto fuera ligero y adecuado para el vuelo. Es posible que su larga cola tuviera un colgajo de piel y tejido con forma de diamante en la punta, que le ayudaba a orientarse.

Durante el Triásico superior, el *Eudimorphodon* fue uno de los pterosaurios más comunes en la región que hoy es Italia.

Cynodontes

Evolucionaron hace unos 260 millones de años junto con los reptiles. Al igual que los mamíferos actuales, los cynodontes, que significa «dientes de perro», tenían mandíbulas fuertes con dientes afilados para cortar y dientes planos para triturar. Probablemente también tenían pelo. Todos los mamíferos modernos, desde los canguros hasta los humanos, descienden de los primeros cynodontes.

THRINAXODON

Tenía un cráneo con rasgos de mamífero, al igual que otros cynodontes. Los huesos de las mejillas eran anchos, lo que daba lugar a que los músculos de la mandíbula fueran más fuertes, una característica que permite a los mamíferos masticar bien los alimentos, rasgo que los diferencia de los reptiles. El encéfalo se abultaba en la parte posterior del cráneo del *Thrinaxodon*. Aunque los cynodontes seguían teniendo cerebros pequeños, similares a los de los reptiles, el agrandamiento de la caja encefálica permitió a los mamíferos desarrollar cerebros grandes.

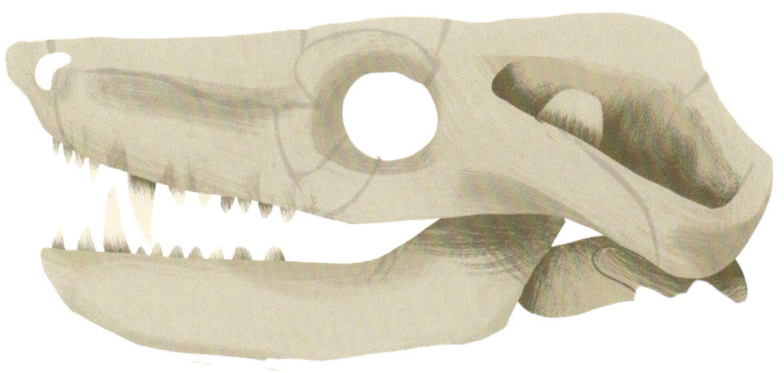

DIADEMODÓN

Con el tamaño aproximado de una vaca pequeña, este cynodonte tenía dientes laterales afilados y puntiagudos, tipo caninos, y dientes posteriores muy estriados. Esto sugiere que era omnívoro y se alimentaba tanto de pequeños animales como de plantas, incluso de algas marinas que recolectaba en aguas poco profundas.

MEGAZOSTRODON

Los fósiles del cráneo del *Megazostrodon* indican que tenía un cerebro más grande que el de los cynodontes anteriores. Las partes más desarrolladas eran las que procesaban los sonidos y los olores, lo que sugiere que era nocturno. Con solo 10 cm de longitud, probablemente cazaba insectos.

CYNOGNATHUS

De hasta 1,2 m de longitud, era un depredador de mandíbula ancha y cuerpo fuerte. Sus bigotes le ayudaban a percibir las corrientes de aire producidas por las presas en movimiento. Sus patas delanteras se extendían hacia los lados como las de un reptil, pero las traseras estaban erguidas bajo el cuerpo, como las de un mamífero.

OLIGOKYPHUS

Se alimentaba de semillas y frutos secos. Se ponía de pie sobre sus patas traseras para alcanzar arbustos y árboles. Las hembras probablemente ponían huevos, como sus antepasados reptiles y a diferencia de casi todos los mamíferos modernos. Tras romper el cascarón, las crías succionaban la leche materna, como hacen hoy los mamíferos.

MASSETOGNATHUS

Era un herbívoro que utilizaba sus dientes delanteros en forma de cincel, los incisivos, para morder y sus dientes traseros estriados, los molares, para triturar raíces y tallos. Del tamaño de un zorro, se refugiaba en una madriguera, probablemente con su familia.

Algunos datos sobre los cynodontes

SUPERCLASE	Tetrápodos
SUBCLASE	Sinápsidos
CLADO	Eutheriodontia
ÁREA DE DISTRIBUCIÓN	En todo el mundo
PERIODO DE TIEMPO	Hace 260-120 millones de años
TAMAÑO	0,1-2 m (0,3-6,6 pies) de largo

Ischigualasto

Hace 231 millones de años, algunos de los primeros dinosaurios cazaban por las llanuras de Sudamérica. Sus fósiles, junto con los de otros reptiles, han sido descubiertos en Ischigualasto, en Argentina.

Durante el periodo Triásico, la zona de Ischigualasto era una llanura verde donde los ríos serpenteaban hasta el océano. Aún no existían las plantas con flores, pero las abundantes lluvias regaban las altas coníferas, que se reproducían mediante semillas en conos, así como los helechos, que liberaban diminutas esporas para formar nuevas plantas. Al igual que otros dinosaurios primitivos, los de Ischigualasto eran más pequeños que algunos de sus parientes posteriores. Caminaban sobre sus patas traseras. La mayoría eran carnívoros y se alimentaban de reptiles más pequeños, anfibios, invertebrados y peces.

EODROMAEUS

Es uno de los primeros dinosaurios conocidos, y probablemente fue un antepasado de terópodos como el *Tyrannosaurus*. Con solo 1,2 m de longitud y una constitución ligera, podía correr velozmente para perseguir a sus presas.

PANFAGIA

Los primeros dinosaurios eran carnívoros, pero el *Panfagia* se alimentaba tanto de animales como de plantas. Sus dientes delanteros eran largos para cortar carne, mientras que los traseros, más cortos, eran estriados para triturar plantas. Antepasado de los herbívoros de cuello largo como el *Diplodocus*, fue probablemente uno de los primeros dinosaurios en comer plantas.

SILLOSUCHUS

A pesar de su aspecto, no era un dinosaurio, sino un reptil pseudosuquio, emparentado con los cocodrilos modernos. Podía medir hasta 10 m de largo, y era mucho más grande que cualquier dinosaurio del periodo Triásico. Cortaba plantas con su pico desdentado.

HIPERODAPEDÓN

Más que un dinosaurio, era un rincosaurio o «lagarto de pico», en griego antiguo, que utilizaba su mandíbula en forma de pico y sus enormes dientes delanteros para cortar helechos.

HERRERASAURUS

Fue el dinosaurio más grande que se encontró en Ischigualasto: podía llegar a medir más de 5 m de largo. Se alimentaba de dinosaurios más pequeños, así como de rincosaurios y de pequeños pseudosuquios.

AETOSAUROIDES

Al igual que el *Sillosuchus*, era un pseudosaurio y se alimentaba de plantas. Una hilera de escudos óseos protegía su cuerpo de los dientes y las garras de dinosaurios más grandes y veloces como el *Herrerasaurus*.

Eoraptor

Fue uno de los primeros dinosaurios, llamado «arrebatador del amanecer», lo que hace referencia a su temprana evolución y a sus patas delanteras, con las cuales podía atrapar presas. Los fósiles de este dinosaurio también se han hallado en la localidad argentina de Ischigualasto.

DINOSAURIO INDECISO

Los paleontólogos no se ponen de acuerdo sobre si el *Eoraptor* era un terópodo primitivo o un sauropodomorfo primitivo. Los terópodos evolucionaron más tarde en una amplia gama de dinosaurios, en su mayoría carnívoros, que caminaban sobre sus patas traseras. Sin embargo, los primeros terópodos eran mucho más pequeños que algunos de sus parientes posteriores. Los sauropodomorfos evolucionaron luego hasta convertirse en enormes herbívoros de cuello y cola largos que caminaban con sus cuatro patas. Pero los primeros eran pequeños, caminaban sobre las patas traseras y se alimentaban tanto de carne como de plantas.

Los primeros terópodos y sauropodomorfos estuvieron muy relacionados. Compartían un antepasado común que había vivido poco tiempo antes, por lo que apenas empezaban a desarrollar características diferentes. Ambos grupos eran saurisquios, y tenían caderas en las que dos huesos que apuntaban hacia abajo, el pubis y el isquion, sobresalían en direcciones opuestas, uno hacia delante y otro hacia atrás.

Con solo 1 m de altura y 10 kg de peso, el *Eoraptor* era pequeño. Caminaba sobre sus patas traseras. Probablemente tenía una dieta omnívora. Los dientes de su maxilar superior eran afilados para morder a sus presas, como los de los terópodos. Sin embargo, los dientes de la mandíbula tenían forma de lámina para triturar plantas, como los de los sauropodomorfos.

Algunos datos sobre el Eoraptor

CLASE	Reptiles
SUPERORDEN	Dinosaurios
ORDEN	Saurisquios
ESPECIE	*Eoraptor lunensis*
ÁREA DE DISTRIBUCIÓN	Argentina, en Sudamérica
PERIODO DE TIEMPO	Hace 231-228 millones de años
TAMAÑO	1-1,7 m (3,3-5,6 pies) de longitud

PRESAS DEPREDADORAS

El *Eoraptor* podía correr rápido persiguiendo a sus presas con sus largas patas traseras, dejando libres las delanteras, más cortas, para agarrarlas. Tenía cinco dedos en cada extremidad superior, pero el cuarto y el quinto eran más cortos que los demás y no le servían para agarrar. Mientras que sus antepasados probablemente tenían cinco dedos útiles, sus descendientes pueden haber perdido el cuarto y el quinto dedo. Sus tres dedos principales eran fuertes y tenían largas garras para desgarrar animales pequeños.

Los dinosaurios, y sus parientes pterosaurios y pseudosuquios, tenían más aberturas en el cráneo que otros reptiles (ver la página 22), lo que los hacía más ligeros. Estas aberturas incluían la fenestra antorbital delante del ojo, la temporal lateral detrás del ojo y la mandibular, en el maxilar inferior.

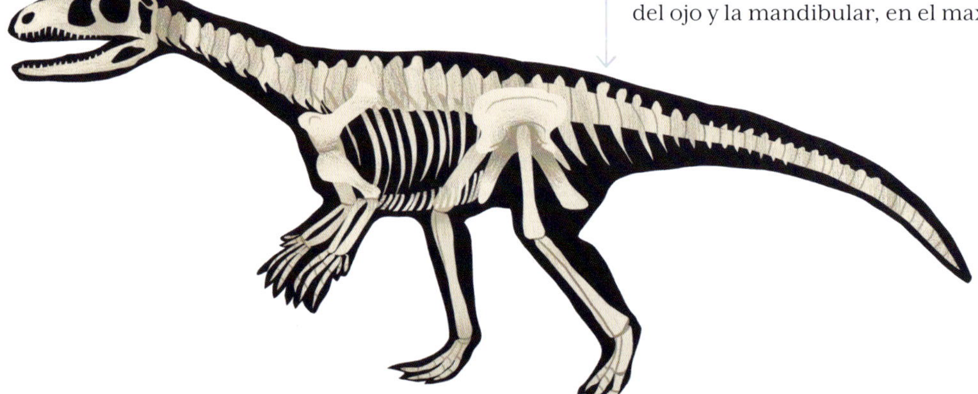

En la Argentina del periodo Triásico tardío, el *Eoraptor* corre tras un *Probainognathus* que se escabulle. Este pequeño cynodonte se alimentaba de invertebrados y no era rival para la velocidad y el tamaño del *Eoraptor*.

Celófidos

Estos primeros dinosaurios eran terópodos, un grupo con huesos huecos y dedos en forma de garra. Entre los terópodos posteriores se encuentran los tiranosaurios y las aves. Los celofísidos eran carnívoros con hocicos largos y esqueletos delgados y ligeros que les permitían correr a gran velocidad sobre sus patas traseras. Es posible que tuvieran una cobertura mullida para calentarse.

CAMPOSAURUS

Al igual que los depredadores modernos, tenía los ojos grandes y orientados hacia adelante. Estos le proporcionaban una «visión binocular», que se da cuando los dos ojos trabajan juntos para que el cerebro del depredador pueda calcular la distancia de una presa que se mueve rápidamente. Su hocico delgado, con muchos dientes pequeños, era adecuado para roer presas pequeñas como los reptiles lagartos.

COELOPHYSIS

Al igual que sus parientes, tenía dientes muy afilados y curvados hacia atrás para atrapar a sus presas, que se retorcían. Sus dientes también tenían rebordes horizontales, lo que puede haberle ayudado para agarrar peces resbaladizos de ríos y humedales.

PROCOMPSOGNATHUS

Medía alrededor de 1 m de largo, pero pesaba solo 1,3 kg. Tenía largas patas traseras y una cola rígida que le ayudaba a mantener el equilibrio al correr. Sus brazos cortos y sus manos grandes y con garras le servían para aferrar a sus presas. Su cráneo tenía varias aberturas grandes o fenestras que lo hacían más ligero.

LUCIANOVENATOR

Este dinosaurio fue bautizado así en 2017 en honor a Luciano Leyes, quien descubrió sus fósiles en Argentina. Su cuello largo y flexible le ayudaba a agarrar a su presa durante la persecución, así como a alcanzar plantas o rocas para esconderla.

SEGISAURUS

Solo se ha descubierto un fósil del *Segisaurus* en Arizona, Estados Unidos. Cuando murió, estaba agazapado en el suelo entre dunas de arena. Los paleontólogos creen que se refugiaba de una tormenta de arena y acabó cubierto por ella.

MEGAPNOSAURUS

Los fósiles de más de treinta *Megapnosaurus* se encontraron juntos, lo que sugiere que cazaban en manada para matar a grandes animales como los dinosaurios herbívoros. Otra posibilidad es que estuvieran bebiendo en el mismo pozo de agua cuando murieron a causa de una inundación repentina.

Algunos datos sobre los celófidos

CLASE	Reptiles
SUPERORDEN	Dinosaurios
SUBORDEN	Terópodos
ÁREA DE DISTRIBUCIÓN	Norteamérica, Sudamérica, Europa, África y Asia
PERIODO DE TIEMPO	Hace 228-183 millones de años
TAMAÑO	1-3 m (3,3-9,8 pies) de largo

Periodo Jurásico

Durante el Jurásico (hace 201-145 millones de años), los dinosaurios eran los animales terrestres dominantes. Su éxito se vio favorecido por la extinción de muchos otros grupos de reptiles al final del periodo Triásico. En el Jurásico, los dinosaurios se adaptaron a diversos hábitats y estilos de vida, y a la evolución de cientos de nuevas especies.

Había cuatro grupos principales de dinosaurios: terópodos, sauropodomorfos, cerápodos y tireóforos (ver las páginas 8-9). Los terópodos y los sauropodomorfos primitivos evolucionaron durante el periodo Triásico. En el Jurásico, los terópodos carnívoros se convirtieron en los depredadores terrestres más grandes, feroces y rápidos. Algunos grupos de terópodos empezaron a desarrollar características más parecidas a las de las aves. Este fue el inicio del proceso que daría lugar, durante el siguiente periodo, llamado Cretácico, a las primeras aves verdaderas. En el Jurásico, los sauropodomorfos se convirtieron en los herbívoros más extendidos del planeta y muchos de ellos alcanzaron tamaños descomunales. Fueron los animales más grandes sobre la Tierra. En este tiempo también evolucionaron los primeros cerápodos y tireóforos. Estos herbívoros empezaron a adoptar formas muy diversas, como las de los estegosaurios con púas o las de los nodosaurios con forma de tanque.

En el Jurásico, los continentes empezaron a separarse y formaron dos masas principales, conocidas hoy como Laurasia (que incluía las actuales América del Norte, Europa y la mayor parte de Asia) y Gondwana (América del Sur, África, la Antártida, Australia y partes de Asia). Los animales que evolucionaron en una de estas masas continentales a menudo pudieron extenderse a través de ellas. El clima era más cálido y húmedo que el actual. Incluso en los polos era tan cálido que podían crecer bosques de coníferas. Las coníferas, que producen sus semillas en conos leñosos, eran las plantas más extendidas de la época.

El *Hesperosaurus* era un estegosaurio, perteneciente al grupo de tireóforos, que vivió en toda Laurasia. También cruzó un puente de tierra hacia el norte de África.

Durante el Jurásico, la Antártida estaba más cerca del ecuador y era mucho más cálida que en la actualidad. En sus bosques vivían el dinosaurio terópodo con cresta *Cryolophosaurus* y el saurópodo carnívoro *Glacialisaurus*, que alcanzaba los 6 m de longitud.

Shaximiao

En 1972, se desenterraron huesos de dinosaurio cerca de Zigong, en China. Desde entonces, se han descubierto más de 8000 piezas óseas en el yacimiento, que recibió el nombre de Shaximiao.

En el periodo Jurásico, la zona de Shaximiao era boscosa. Un gran río arrastraba a los dinosaurios muertos hacia un lago, donde los cuerpos quedaban enterrados en el lodo y luego se fosilizaban. Los paleontólogos creen que esta geografía explica el elevado número de fósiles hallados allí. Los numerosos árboles proporcionaban alimento a manadas de sauropodomorfos: grandes herbívoros con cuellos largos y colas largas. Las distintas especies de sauropodomorfos probablemente no competían entre sí por la comida, ya que cada una tenía una longitud de cuello diferente, lo que les permitía alimentarse de hojas a una altura distinta de la de sus parientes.

OMEISAURUS

Llamado así por el monte Omei, una montaña sagrada cercana al lugar donde fue encontrado, este dinosaurio era un sauropodomorfo. De hasta 20 m de longitud, su tamaño y su costumbre de desplazarse en manada lo protegía de los depredadores.

AGILISAURUS

Este pequeño dinosaurio cerápodo utilizaba su duro pico para cosechar plantas de bajo crecimiento, que machacaba con sus dientes estriados. Cuando huía de los depredadores, corría rápidamente sobre sus largas patas traseras, pero es posible que caminara con sus cuatro patas cuando buscaba comida.

DATOUSAURUS

Estaba emparentado con el *Omeisaurus*. Estos sauropodomorfos no competían entre sí por la comida, porque el *Datousaurus* tenía un cuello más corto y mandíbula más fuerte y grande, lo que sugiere que se alimentaba de plantas más duras y bajas.

XUANHANOSAURUS

Este dinosaurio carnívoro del suborden de los terópodos alcanzó los 4,5 m de longitud. Para ser un terópodo, tenía unos brazos inusualmente largos y fuertes, que utilizaba para agarrar a sus presas, como los pequeños estegosaurios.

HUAYANGOSAURUS

De hasta 4 m de longitud, era un pequeño estegosaurio primitivo. Tenía una doble fila de placas a lo largo de la espalda y una cola con púas, que lanzaba contra las patas de los atacantes.

ANGUSTINARIPTERUS

Era un pterosaurio, perteneciente a un grupo de reptiles voladores estrechamente emparentados con los dinosaurios. Tenía dientes entrecruzados en forma de aguja para atrapar presas pequeñas. Medía 1,6 m.

Scelidosaurus

Este dinosaurio fue uno de los primeros tireóforos, los «portadores de escudos» en griego antiguo. El cuerpo de un tireóforo tenía muchas placas óseas, o escudos, que podían protegerlo de los ataques. Entre los tireóforos posteriores se encontraban los estegosaurios y los anquilosaurios. El *Scelidosaurus* tenía placas mucho más ligeras y pequeñas que sus descendientes. Vivió en lo que hoy son las Islas Británicas.

Sus escudos más grandes y afilados estaban en el cuello, su parte más vulnerable, donde el mordisco de un depredador habría sido mortal. Si bien había espacio entre los escudos, estos hacían del *Scelidosaurus* una presa difícil.

ESCAMAS PROTECTORAS

Como todos los dinosaurios, incluso los que también tenían plumas, el *Scelidosaurus* tenía escamas, pequeñas placas duras que crecían a partir de la capa superior de la piel. Estaban hechas de queratina, un material que también se encuentra en las uñas y en el pelo humanos, en los cuernos y pezuñas de las vacas, y en las plumas y picos de las aves. Además de escamas, el *Scelidosaurus* tenía escudos. A diferencia de las escamas, estos crecen desde lo más profundo de la piel y son de hueso, más grandes y más duros. Hoy en día, los escudos se encuentran en reptiles como los cocodrilos.

Los *Scelidosaurus* tenían cientos de escudos, de diferentes tamaños y formas, sobre la cabeza, la espalda y la cola. Estos se ubicaban en filas y los más grandes tenían picos, lo que probablemente dificultaba que un depredador como el terópodo local *Megalosaurus* tomara un bocado de este dinosaurio.

ALIMENTARSE DE HOJAS

El *Scelidosaurus* se alimentaba de hojas bajas de helechos y coníferas, utilizando su duro pico cubierto de queratina para arrancarlas de las ramas. Caminaba sobre sus cuatro patas, pero es posible que se levantara sobre las traseras para alcanzar las hojas más altas. Antes de tragar la comida, probablemente la machacaba un poco con los dientes largos y triangulares que recubrían la parte posterior de su mandíbula. La articulación simple de esta no le permitía masticar de forma compleja, pero podía realizar pequeños movimientos ascendentes y descendentes con los dientes.

Algunos paleontólogos creen que el *Scelidosaurus* fermentaba la comida. Esto ocurre cuando el material vegetal duro es descompuesto por bacterias que viven en el estómago. Las bacterias toman del alimento lo que necesitan y el resto de los nutrientes se reabsorben en la sangre.

Algunos datos sobre el Scelidosaurus

CLASE	Reptiles
SUPERORDEN	Dinosaurios
SUBORDEN	Thyreophora
ESPECIE	*Scelidosaurus harrisonii*
ÁREA DE DISTRIBUCIÓN	Islas Británicas, en Europa
PERIODO DE TIEMPO	Hace 196-183 millones de años
TAMAÑO	3,8-4 m (12,5-13 pies) de longitud

Estegosaurios

Estos grandes y lentos herbívoros tenían hileras de escudos altos y puntiagudos a lo largo de la espalda. Pero como dejaban desprotegida la mayor parte del cuerpo, habrían sido casi inútiles en una batalla. Los estegosaurios se defendían con su cola puntiaguda, conocida como *thagomizer*.

STEGOSAURUS

Su nombre significa «lagarto de techo» en griego antiguo. Tenía un cerebro pequeño en comparación con su enorme cuerpo, por lo que probablemente llevaba un estilo de vida sencillo, deambulando de arbusto en arbusto para comer hojas. Las hileras de escudos a lo largo de su espalda podían servirle para atraer a su pareja o, dado que lo hacían parecer más alto, para ahuyentar a los depredadores.

MIRAGAIA

Tenía dos filas de placas verticales emparejadas y púas a lo largo del cuello, la espalda y la cola. Sus escudos no estaban unidos al resto del esqueleto, ya que crecían a partir de la piel. Tenía el cuello más largo de todos los estegosaurios, con 17 huesos llamados vértebras, que le permitían alcanzar ramas más altas.

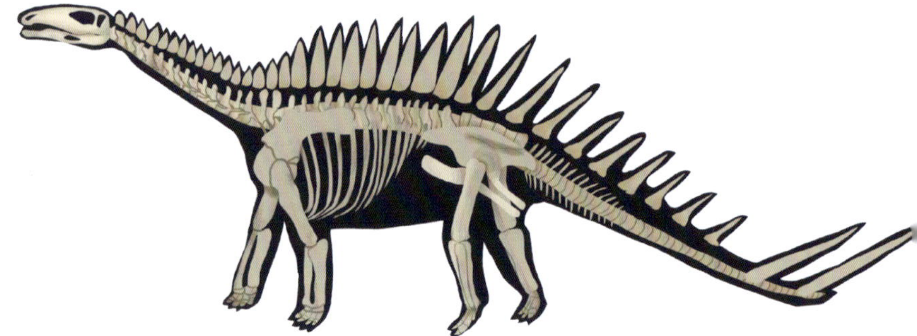

LORICATOSAURUS

Podía girar su cuerpo y mover la cola para golpear con su afilado *thagomizer* a atacantes enormes como el *Megalosaurus*. Muchos fósiles de estegosaurios tienen heridas las púas de la cola, lo que sugiere que daban golpes tan potentes como para destrozar las patas de los depredadores.

HESPEROSAURUS

Al igual que otros estegosaurios, no tenía dientes delanteros, sino que utilizaba un pico cubierto de cuernos y de bordes duros para cortar las plantas bajas. Medía hasta 6,5 m de largo y pesaba hasta cinco toneladas, más que dos automóviles grandes.

DACENTRURUS

Su nombre significa «cola muy afilada». Tenía un *thagomizer* particularmente eficaz: sus púas tenían bordes cortantes en la parte delantera y trasera. Los fósiles de este dinosaurio se encontraron por primera vez en 1874. En ese momento fue llamado *Omosaurus*, que significa «lagarto de brazo superior», debido a los largos huesos de sus brazos. Pero este nombre ya pertenecía a un reptil parecido al cocodrilo, por eso fue rebautizado.

KENTROSAURUS

Además de placas y pinchos a lo largo de la espalda y la cola, tenía un pincho largo en cada hombro. Estas púas pueden haber protegido su cabeza y su cuello, especialmente al agacharse durante un ataque.

Algunos datos sobre los estegosaurios

CLASE	Reptiles
SUPERORDEN	Dinosaurios
SUBORDEN	Thyreophora
ÁREA DE DISTRIBUCIÓN	América del Norte, Europa, África y Asia
PERIODO DE TIEMPO	Hace 165-125 millones de años
TAMAÑO	4-10 m (13-32,8 pies) de largo

Dilophosaurus

Fue uno de los primeros terópodos de gran tamaño. Como la mayoría de los terópodos posteriores, entre ellos el *Tyrannosaurus*, era un carnívoro de dientes afilados que caminaba sobre sus patas traseras. Durante el Jurásico temprano fue el animal terrestre más grande conocido en lo que hoy es Norteamérica. Con un peso adulto de unos 400 kg (88 libras), es probable que durante sus primeros años de vida engordara por año unos 35 kg (77 libras), el equivalente al peso de un niño de 10 años.

LAGARTO BICÉFALO

El nombre *Dilophosaurus* proviene del griego y significa «lagarto de dos crestas». Este dinosaurio tenía dos crestas óseas arqueadas en el cráneo, seguramente más grandes por la queratina que no ha sobrevivido en los fósiles descubiertos hasta el momento. Las crestas eran demasiado finas y quebradizas como para que le sirvieran para capturar presas o luchar con rivales. Estas podían tener dibujos brillantes, y es probable que fueran exhibidas para atraer pareja, al igual que algunas especies de lagartos modernos exhiben hoy su cresta o su garganta brillante.

ASESINO JURÁSICO

Con su gran cráneo, sus largos dientes delanteros y su fuerte cuello, el *Dilophosoaurus* podía matar a cualquier herbívoro del Jurásico con el que se cruzara. Al igual que los grandes felinos de hoy en día, pudo haber matado a su presa con un poderoso mordisco en el cuello o en la cabeza. Este dinosaurio también era lo suficientemente esbelto y ágil como para capturar presas pequeñas, como los cynodontes.

Sus brazos eran más largos y poderosos que los de algunos terópodos posteriores. Tenía cuatro dedos en cada mano, aunque el cuarto era extremadamente pequeño, sin garras y probablemente inmóvil. Es posible que fuera vestigial, es decir, una estructura corporal que, a medida que evolucionaba, dejó de tener utilidad. Los tres primeros dedos de cada mano tenían garras afiladas y curvas.

Al igual que otros terópodos, el *Dilophosaurus* tenía un movimiento limitado en las muñecas, por lo que era incapaz de torcer y girar las manos. Sin embargo, podía utilizarlas para agarrar a sus presas y llevarse pequeños animales a la boca.

Algunos datos sobre el Dilophosaurus

CLASE	Reptiles
SUPERORDEN	Dinosaurios
SUBORDEN	Terópodos
ESPECIE	*Dilophosaurus wetherilli*
ÁREA DE DISTRIBUCIÓN	Norteamérica
PERIODO DE TIEMPO	Hace 193 millones de años
TAMAÑO	6-7 m (19,7-23 pies) de largo

El *Dilophosaurus* probablemente podía correr a 32 km/h (20 millas por hora) con sus largas y fuertes patas traseras. Era lo suficientemente rápido como para alcanzar a dinosaurios herbívoros como los primeros tireóforos y sauropodomorfos.

Morrison

En el territorio que hoy ocupa Morrison, Estados Unidos, hace 150 millones de años, cazaban feroces dinosaurios terópodos. Poco a poco, ríos y arroyos depositaron arena y lodo. Se formaron areniscas y lodolitas, que dieron lugar a las rocas de la formación Morrison, ricas en fósiles.

En el periodo Jurásico, la región de Morrison era cálida y baja, un lugar de pantanos y ríos tranquilos. Plantas como los ginkgos, las cícadas y los juncos de cola de caballo crecían junto al agua y proporcionaban alimento a los herbívoros, desde los altos sauropodomorfos hasta los tímidos mamíferos.

Algunos dinosaurios carnívoros encontraban abundante comida, como peces, ranas, tortugas e insectos, en las aguas poco profundas o en las orillas fangosas. Otros se alimentaban de insectos, mamíferos y dinosaurios más pequeños que correteaban por los alrededores.

CERATOSAURUS

Su nombre significa «lagarto de cuernos» en griego antiguo. Era un terópodo de tamaño medio, de unos 6 m de longitud. Puede haber evitado el conflicto con su pariente *Allosaurus*, más grande y devorador de dinosaurios, alimentándose de animales acuáticos como cocodrilos y tortugas.

MORRISONEPPA

Debido a sus cuerpos pequeños y frágiles, se han encontrado pocos insectos fosilizados en la formación Morrison. El *Morrisoneppa* era un insecto acuático volador de unos 10 cm de longitud. Perforaba invertebrados acuáticos con su aparato bucal tubular y luego succionaba.

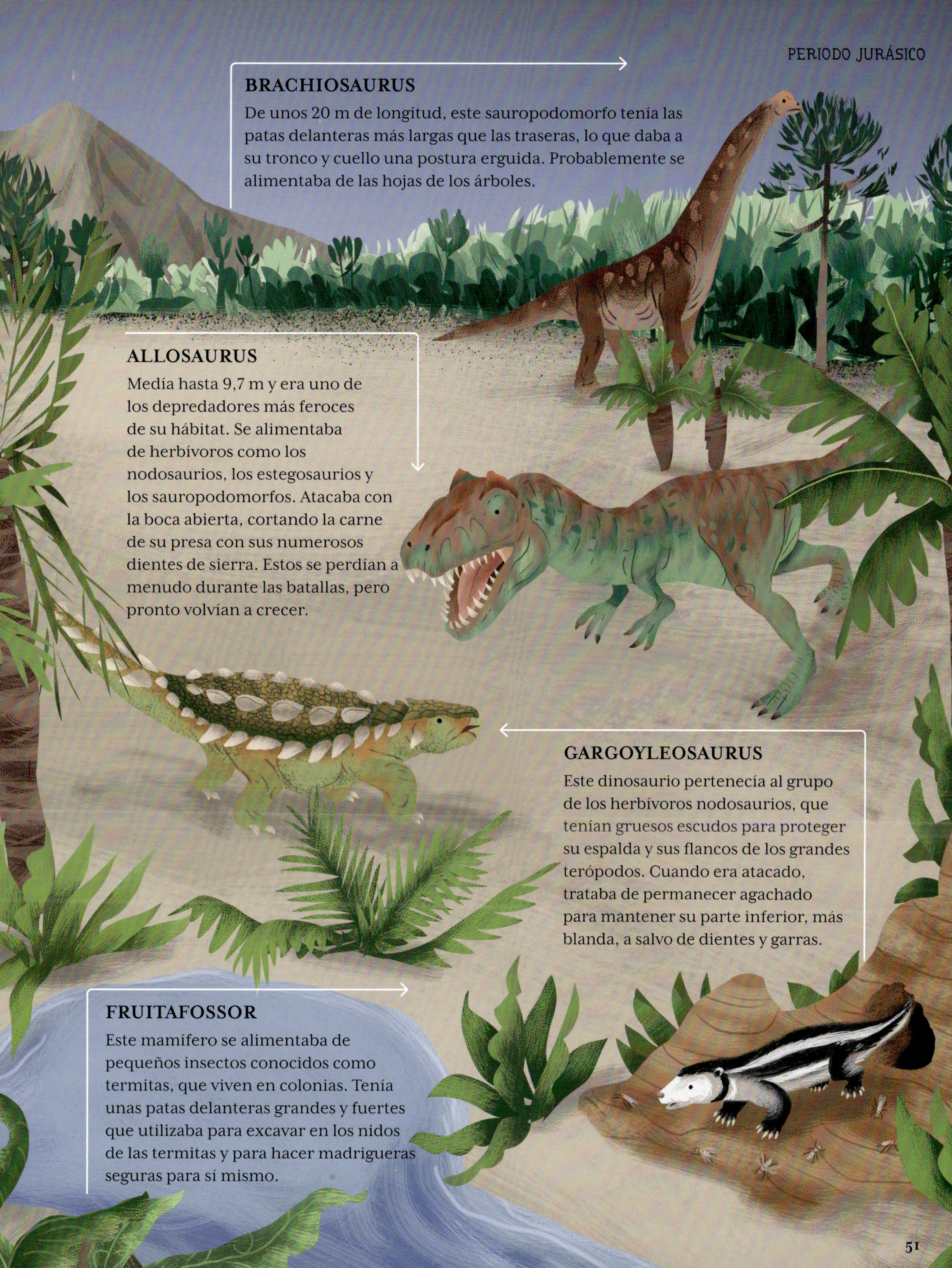

BRACHIOSAURUS

De unos 20 m de longitud, este sauropodomorfo tenía las patas delanteras más largas que las traseras, lo que daba a su tronco y cuello una postura erguida. Probablemente se alimentaba de las hojas de los árboles.

ALLOSAURUS

Medía hasta 9,7 m y era uno de los depredadores más feroces de su hábitat. Se alimentaba de herbívoros como los nodosaurios, los estegosaurios y los sauropodomorfos. Atacaba con la boca abierta, cortando la carne de su presa con sus numerosos dientes de sierra. Estos se perdían a menudo durante las batallas, pero pronto volvían a crecer.

GARGOYLEOSAURUS

Este dinosaurio pertenecía al grupo de los herbívoros nodosaurios, que tenían gruesos escudos para proteger su espalda y sus flancos de los grandes terópodos. Cuando era atacado, trataba de permanecer agachado para mantener su parte inferior, más blanda, a salvo de dientes y garras.

FRUITAFOSSOR

Este mamífero se alimentaba de pequeños insectos conocidos como termitas, que viven en colonias. Tenía unas patas delanteras grandes y fuertes que utilizaba para excavar en los nidos de las termitas y para hacer madrigueras seguras para sí mismo.

Dicraeosaurus

Tenía largas espinas óseas en el cuello, la espalda y la cola, cada una de las cuales tenía la forma de la letra *Y*. Fueron estas espinas ramificadas las que le dieron su nombre, que significa «lagarto de dos cabezas» en griego antiguo. Estrechamente emparentado con la familia de los diplodócidos (ver la página 54), el *Dicraeosaurus* era un sauropodomorfo que se alimentaba de plantas.

ESPINAS EXTRAÑAS

Los paleontólogos no saben con certeza para qué servían las espinas del *Dicraeosaurus*. Puede que hayan soportado una alta cresta hecha de músculo, piel y queratina resistente. Tal cresta, sobre todo si era brillante, podría haber ayudado al *Dicraeosaurus* a reconocer a otros miembros de su especie en el momento del apareamiento. Tal vez la cresta era exhibida ante posibles parejas mediante giros y vueltas de la cabeza y el cuello, como hacen los flamencos modernos en sus bailes de cortejo.

Otra posibilidad es que las espinas no estuvieran cubiertas por una funda resistente, sino que sus puntas afiladas estuvieran expuestas al aire. En este caso, es probable que hayan servido para defender al dinosaurio de los depredadores, como sucede con los afilados cuernos de los órices modernos, que apuntan hacia atrás y pueden apuñalar a los leones que los atacan. Cubiertas o no, las espinas habrían impedido sin duda que terópodos altos como el *Veterupristisaurus*, que medía más de 3 m, mordieran el vulnerable cuello del *Dicraeosaurus*.

SIN COMPETENCIA

El *Dicraeosaurus* tenía un cuello mucho más corto que sus parientes diplodocidos. Los cuellos de estos últimos normalmente contenían 15 huesos, llamados vértebras cervicales, en tanto el cuello del *Dicraeosaurus* contenía solo 12 huesos, todos más cortos. Con solo 15 m de longitud, el *Dicraeosaurus* era también más pequeño que los diplodócidos, que alcanzaban los 35 m. Es probable que el cuello corto y la complexión más pequeña del *Dicraeosaurus* le proporcionasen algunas ventajas en su hábitat. No obstante su tamaño, seguía siendo lo suficientemente grande como para no ser atacado por los terópodos.

Vivía en la región de la actual Tanzania, en África, junto a otros grandes herbívoros. Entre ellos estaba el inmenso saurópodo *Giraffatitan* (ver la página 60), que podía comer ramas de 9 m de altura. También estaba el estegosaurio *Kentrosaurus* (ver la página 46), más pequeño y de cuerpo pesado, que se alimentaba de plantas de hasta 1,7 m de altura. La forma del cuerpo del *Dicraeosaurus* le permitía alimentarse de hojas que estaban a una altura de hasta 3 m (9,8 pies), por lo que no tenía que competir por el alimento.

Algunos datos sobre el Dicraeosaurus

CLASE	Reptiles
SUPERORDEN	Dinosaurios
SUBORDEN	Sauropodomorfos
ESPECIE	*Dicraeosaurus hansemanni*
ÁREA DE DISTRIBUCIÓN	África
PERIODO DE TIEMPO	Hace 155-150 millones de años
TAMAÑO	14-15 m (46-49,2 pies) de largo

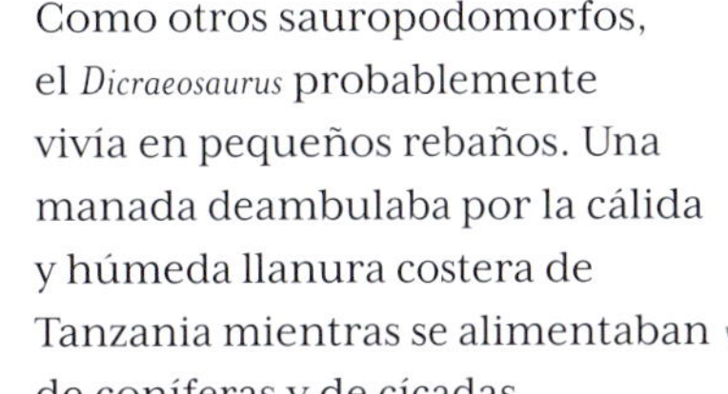

Como otros sauropodomorfos, el *Dicraeosaurus* probablemente vivía en pequeños rebaños. Una manada deambulaba por la cálida y húmeda llanura costera de Tanzania mientras se alimentaban de coníferas y de cícadas.

Diplodócidos

Los diplodócidos pertenecían a un grupo de enormes herbívoros de cuello largo conocidos como sauropodomorfos. Tenían colas extremadamente largas y flexibles, que podían chasquear como un látigo haciendo un ruido más fuerte que un disparo, para ahuyentar a los depredadores.

DIPLODOCUS

Desde la punta de la cola hasta el hocico, el *Diplodocus* podía medir hasta 32 m de largo. Al igual que sus parientes, tenía las patas delanteras ligeramente más cortas que las traseras, lo que dificultaba la elevación de su largo cuello. Este probablemente le resultaba útil para acceder a las hojas de los arbustos más espesos, donde no podía meter su inmenso cuerpo.

SUPERSAURUS

Su nombre significa «superlagarto» en griego antiguo. Fue probablemente el mayor miembro de la familia de los diplodócidos, con 35 m de longitud y un peso de hasta 40 toneladas, lo que equivale a más que veinte automóviles familiares. Una sola de sus vértebras cervicales medía 1,38 m de largo.

APATOSAURUS

Este dinosaurio tenía 15 vértebras cervicales, o huesos del cuello, 10 vértebras dorsales, o huesos de la espalda, 5 vértebras sacras, o huesos de la cadera, y unas 82 vértebras caudales, o huesos de la cola. Las cervicales tenían orificios llenos de aire, lo que las hacía más ligeras. Su pequeño cráneo tenía una mandíbula con dientes en forma de cincel, que le servían para arrancar las hojas de las ramas.

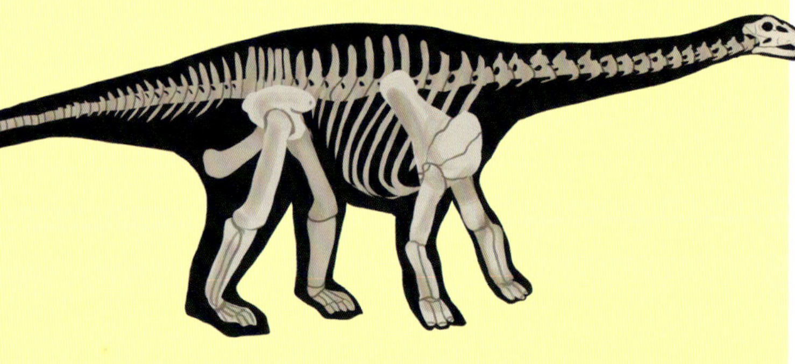

KAATEDOCUS

Al igual que otros diplodócidos, el *Kaatedocus* probablemente tragaba pequeñas piedras para ayudar a su estómago a triturar la materia vegetal más dura. Los científicos llaman a estas piedras estomacales gastrolitos. Muchos animales modernos, como los cocodrilos y los avestruces, utilizan gastrolitos.

Algunos datos sobre los diplodócidos

CLASE	Reptiles
SUPERORDEN	Dinosaurios
SUBORDEN	Sauropodomorfos
ÁREA DE DISTRIBUCIÓN	Norteamérica, Europa, África y Asia
PERIODO DE TIEMPO	Hace 170-136 millones de años
TAMAÑO	9-35 m (29,5-115 pies) de longitud

BAROSAURUS

Cuando se veía amenazado por un atacante, como el *Allosaurus*, podía levantarse sobre sus patas traseras, utilizando la cola para mantener el equilibrio. Esta acción hacía que su pecho fuera más difícil de alcanzar, y cuando sus patas delanteras volvían a caer, su peso de más de 20 toneladas podría ser mortal.

BRONTOSAURUS

Vivía en manada y recorría de 20 a 40 km (12 a 25 millas) al día por las llanuras de la actual Norteamérica en busca de plantas frescas. Mientras caminaba, pudo haber usado su cola para sentir a los dinosaurios detrás y a sus lados, de modo que el grupo pudiera permanecer unido.

Anchiornis

Era un dinosaurio parecido a un ave. Algunas de sus características lo hacían similar a un pájaro y otras revelan que era un dinosaurio. Las aves actuales evolucionaron a partir de dinosaurios terópodos como el *Anchiornis*. Hace unos 72 millones de años, las primeras aves de verdad ya batían las alas.

CONVERTIRSE EN AVES

Es posible que algunos de los primeros terópodos tuvieran una cubierta esponjosa para calentarse (ver las páginas 38-39). Durante el Jurásico, algunos grupos de terópodos, incluidos los compsognátidos (ver la página 59), empezaron a desarrollar plumas blandas y simples. Hacia el final de este periodo, varias familias de terópodos tenían verdaderas plumas, con tallos duros y ramificados. Estas eran útiles para impulsarse por el aire, aunque la mayoría no utilizaban sus plumas para volar, sino para atraer a la pareja y calentar los huevos.

En el último tramo del Jurásico, algunos pequeños terópodos habían desarrollado otros rasgos similares a los de las aves: brazos largos, cubiertos de plumas y con forma de ala, y un hocico parecido a un pico. El *Anchiornis*, cuyo nombre significa «pájaro cercano» en griego antiguo, era uno de estos dinosaurios parecidos a las aves. También tenía largas plumas en las patas traseras, lo que le confería cuatro alas.

El *Anchiornis* representa una etapa en la evolución hacia las aves. Como los dinosaurios, pero a diferencia de las aves, tenía dedos con garras. Si bien las aves no tienen dientes, el *Anchiornis* tenía pequeños dientes en el pico. Los paleontólogos creen que sus plumas aún no tenían la combinación adecuada de fuerza y flexibilidad necesaria para el vuelo. Sin embargo, probablemente podía planear distancias cortas desplegando bien las alas y lanzándose desde un árbol.

TREPADOR DE ÁRBOLES

El *Anchiornis* vivía en bosques de ginkgos y coníferas. Las garras curvadas de sus dedos le ayudaban a trepar por estos árboles. El *Anchiornis* es uno de los dinosaurios más pequeños que han existido, con solo 25 cm de altura y 0,25 kg de peso. En el suelo, estaba a merced de la mayoría de los depredadores. Trepando a los árboles, donde podía esconderse entre las hojas, ganaba cierta seguridad. Cuando se refugiaba en un árbol, encontraba muchos insectos rastreros y arañas para comer. Si esperaba tranquilamente en una rama, también podía explorar el suelo del bosque en busca de pequeñas presas vertebradas, como lagartijas y ranas, y luego lanzarse sobre ellas, tomándolas por sorpresa.

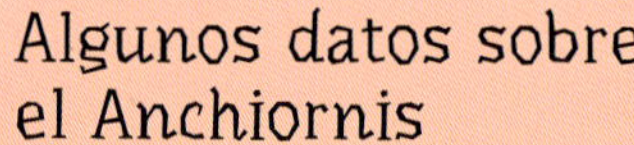

Algunos datos sobre el Anchiornis

CLASE	Reptiles
SUPERORDEN	Dinosaurios
SUBORDEN	Terópodos
ESPECIE	*Anchiornis huxleyi*
ÁREA DE DISTRIBUCIÓN	China, en Asia
PERIODO DE TIEMPO	Hace 163-145 millones de años
TAMAÑO	34-40 cm de longitud

Al igual que las aves, el *Anchiornis* tenía alas formadas por los huesos largos y fuertes de los brazos. A diferencia de ellas, tenía una larga cola ósea, formada por unos 30 huesos llamados vértebras caudales (las aves tienen, como máximo, 8 vértebras caudales).

Se sabe que el *Anchiornis* tenía la cresta roja y las alas blancas y negras, gracias a las investigaciones llevadas a cabo a partir de un fósil muy bien conservado. Los científicos estudiaron las células pigmentarias que dan el color a las plumas del *Anchiornis* y las compararon con las de las aves modernas.

Solnhofen

La piedra caliza de la región alemana de Solnhofen conservó fósiles de insectos, pterosaurios y dinosaurios. El hallazgo más extraordinario fue el del *Archaeopteryx*, cuyo parecido con un pájaro da pistas sobre cómo evolucionaron los dinosaurios hasta convertirse en aves.

Hace unos 150 millones de años, Solnhofen estaba situada al borde de un océano poco profundo salpicado de numerosas islas pequeñas. Los animales muertos que eran arrastrados al agua quedaban cubiertos por un lodo de grano fino, en el que se conservaban incluso sus plumas y alas.

En las islas vivían más de veinte especies de reptiles voladores conocidos como pterosaurios, que capturaban peces del mar y anidaban en rocas y acantilados. Entre los pterosaurios de mayor tamaño se encontraba el *Rhamphorhynchus*, con una envergadura de 1,8 m. El *Ctenochasma* era uno de los más pequeños, con solo 25 cm de punta a punta entre un ala y otra.

RHAMPHORHYNCHUS

Este pterosaurio tenía dientes puntiagudos como agujas que le servían para atrapar peces y calamares. Su larga cola, que terminaba en una veleta de tejido y piel, ayudaba a estabilizar su vuelo. El *Rhamphorhynchus* atrapaba a sus presas en la superficie del agua o se zambullía impulsándose a través de las olas con sus pies anchos y planos.

ARCHAEOPTERYX

Su nombre significa «ala vieja» en griego antiguo. De hasta 50 cm de longitud, era un dinosaurio terópodo con características tanto de los dinosaurios como de sus descendientes, las aves. Sus brazos se habían convertido en alas, cubiertas de plumas largas y fuertes. Podía aletear y realizar vuelos cortos. Sin embargo, como los dinosaurios, seguía teniendo dientes en el pico, dedos con garras y una larga cola ósea.

PTERODACTYLUS

Como todos los pterosaurios, el *Pterodactylus*, cuyo nombre significa «dedo alado», tenía alas de piel estirada entre su largo cuarto dedo y sus patas. Probablemente mostraba la cresta de su cabeza para atraer a su pareja.

CTENOCHASMA

Su nombre significa «peine ancho». Era un pterosaurio con más de 400 dientes en forma de cerdas. Estas formaban un peine que sobresalía creando una estructura parecida a una cesta, probablemente utilizada para cribar peces pequeños del agua.

MESUROPETALA

Era una libélula y pertenecía a un grupo de insectos alados que se mantiene prácticamente inalterado en la actualidad. Los insectos fueron los primeros animales que poblaron el aire, hace unos 325 millones de años. Les siguieron los pterosaurios, hace 230 millones de años, unos 80 millones antes de que los dinosaurios parecidos a las aves se despegaran del suelo.

COMPSOGNATHUS

Este dinosaurio terópodo medía aproximadamente 1 m de longitud. Es posible que tuviera plumas cortas en el cuerpo y escamas en las patas traseras y en la cola. Perseguía insectos y lagartos, corriendo rápido sobre sus patas traseras.

Giraffatitan

Este dinosaurio fue uno de los mayores sauropodomorfos del periodo Jurásico. Su nombre significa «jirafa titánica» y hace referencia a su largo cuello y a su inmenso peso, de 40.000 kg o más. Hasta la década de 1990, cuando se descubrieron sauropodomorfos cretácicos más grandes como el *Argentinosaurus* (ver la página 82), se creía que el *Giraffatitan* era el animal terrestre más grande de la historia.

COMO UNA JIRAFA

Las largas patas delanteras del *Giraffatitan* le daban unos 6,8 m de altura hasta el hombro. Sus patas traseras eran más cortas, lo que hacía que su columna vertebral fuera más inclinada que horizontal. Esto le ayudaba a levantar el cuello, con sus 12 o 13 vértebras cervicales. Medía unos 10 m de largo. Al igual que una jirafa moderna, sus largas patas y su cuello le permitían llegar a lo alto de los árboles para comer hojas que ningún otro animal terrestre podía alcanzar.

CEREBRO PEQUEÑO

La dieta vegetal de este dinosaurio y la ausencia de depredadores le proporcionaron un estilo de vida tranquilo, ya que no tenía la necesidad de responder a cambios repentinos o de resolver problemas. Esto no requería una gran capacidad cerebral, a diferencia de lo que sucedía con los terópodos que rastreaban presas y saltaban rápidamente. De hecho, un cerebro grande hubiese sido un obstáculo para el *Giraffatitan*, porque habría hecho que su cabeza pesara demasiado para su largo cuello.

El cerebro del *Giraffatitan* tenía un volumen de unos 300 cm^3, aproximadamente el mismo tamaño que el de otros sauropodomorfos. Los científicos pueden medir el nivel de inteligencia de un animal comparando el tamaño de su cerebro con el de su cuerpo. La inteligencia del *Giraffatitan* se situaba en el extremo inferior para un dinosaurio, en torno a 0,62 o 0,79. En comparación, los dinosaurios parecidos a las aves de movimientos rápidos, como los *Almas* (ver la página 84), alcanzaban una puntuación de 5,8 y se situaban en el extremo superior de la inteligencia de los dinosaurios.

Algunos datos sobre el Giraffatitan

CLASE	Reptiles
SUPERORDEN	Dinosaurios
SUBORDEN	Sauropodomorfos
ESPECIE	*Giraffatitan brancai*
ÁREA DE DISTRIBUCIÓN	África
PERIODO DE TIEMPO	Hace 150-145 millones de año
TAMAÑO	23-26 m (75,5-85,3 pies) de largo

El *Giraffatitan* vivía en una región en la que había muchas coníferas altas, como cipreses y araucarias. Sus dientes anchos, gruesos y en forma de cuchara cortaban las hojas con facilidad.

Megalosaurus

Los megalosaurus, cuyo nombre significa «grandes lagartos» en griego antiguo, fueron los mayores carnívoros del periodo Jurásico. Corrían sobre sus patas traseras y agarraban a sus presas con su mandíbula de dientes afilados y sus manos con garras. Probablemente también devoraban animales que encontraban muertos.

TORVOSAURUS

Tenía un hocico largo y estrecho con dientes curvados en forma de cuchilla. Su enorme cráneo era más ligero gracias a unas grandes aberturas o fenestras, situadas delante y detrás de las cuencas oculares. Las fenestras posteriores a las cuencas oculares permitían que los fuertes músculos de la mandíbula se adhirieran al cráneo.

DUBREUILLOSAURUS

Este dinosaurio debe su nombre a André Dubreuil, quien descubrió fósiles de su cráneo y sus costillas en 1994, en Francia. Durante el periodo Jurásico, esta región era un mar poco profundo salpicado de islas y manglares. Es posible que el *Dubreuillosaurus* capturara peces con sus manos de tres garras.

AFROVENATOR

Hallado en el norte de África, este dinosaurio medía hasta 9 m de largo. Probablemente se alimentaba de jóvenes dinosaurios herbívoros, como el sauropodomorfo local *Jobaria*, que alcanzaba los 18 m de longitud.

MEGALOSAURUS

Durante su vida, el *Megalosaurus* fue el mayor depredador de lo que hoy es Europa occidental, capaz de matar tanto a estegosaurios como a sauropodomorfos. Su larga y rígida cola le servía para mantener el equilibrio mientras corría sobre sus musculosas patas traseras. Aunque sus extremidades delanteras eran cortas, eran fuertes.

WIEHENVENATOR

Medía hasta 8 m de longitud y vivía en la costa de un mar poco profundo en una región que hoy corresponde a Alemania. Es posible que se alimentara de reptiles oceánicos tan grandes como el *Metriorhynchus*, parecido a un cocodrilo, que alcanzaba los 3 m de longitud.

Algunos datos sobre los megalosaurus

CLASE	Reptiles
SUPERORDEN	Dinosaurios
SUBORDEN	Terópodos
ÁREA DE DISTRIBUCIÓN	Norteamérica, Sudamérica, Europa, África y Asia
PERIODO DE TIEMPO	Hace 170-145 millones de años
TAMAÑO	4-9 m (13-29,5 pies) de largo

EUSTREPTOSPONDYLUS

Este dinosaurio inglés, que alcanzó los 6 m de longitud, probablemente se alimentaba de dinosaurios más pequeños y de pterosaurios. También puede haber acechado la costa de su isla natal, alimentándose de los cadáveres de peces y de reptiles marinos arrastrados por la corriente.

Yi

El nombre completo de este dinosaurio es *Yi qi*, que significa «ala extraña» en chino. Durante el periodo Jurásico, vivía en lo que hoy es China junto con sus parientes cercanos, pertenecientes a la familia Scansoriopterygidae, que significa «alas trepadoras». Estos dinosaurios inusuales y muy pequeños tenían aletas de piel en forma de ala que les permitían planear por el aire.

ALAS EXTRAÑAS

Las alas del *Yi* eran completamente distintas a las de las aves y a las de otros dinosaurios parecidos a las aves (ver la página 56), que estaban formadas por plumas y por los huesos alargados de los brazos. Tampoco se parecían a las alas de los pterosaurios (ver la página 30), formadas por colgajos de piel y músculos que se extendían desde la pata trasera hasta el alargado cuarto dedo. Las alas del *Yi* eran de piel sin plumas y estaban sostenidas por un tercer dedo extralargo y una larga muñequera puntiaguda que se extendía hacia atrás desde los huesos del brazo. Se parecían un poco a las de los únicos mamíferos voladores: los murciélagos. Sin embargo, a diferencia de los murciélagos, el *Yi* probablemente no podía batir las alas con fuerza por la debilidad de los músculos del pecho y los brazos. Es probable, no obstante, que pudiera planear a distancias cortas, tal vez abriendo bien los brazos al lanzarse desde la rama de un árbol.

PEQUEÑO SALTADOR

El *Yi* era un dinosaurio muy pequeño, con un peso de 380 gr y una envergadura de 60 cm. Su hocico en forma de pico tenía unos dientes pequeños y puntiagudos que le servían para atrapar insectos. Es probable que utilizara su capacidad de planear para atrapar insectos voladores en el espeso bosque en el que vivía. Las garras curvadas de sus largas manos y sus pies le habrían ayudado a trepar a los árboles. Esto le habría permitido no solo lanzarse al aire, sino también esconderse de los depredadores entre las hojas.

El *Yi* y sus familiares se extinguieron hace 156 millones de años. No se han encontrado otros dinosaurios con alas similares. Es probable que la falta de velocidad de estos dinosaurios en el aire, así como su incapacidad para despegar del suelo, les hiciera enfrentarse a una competencia cada vez mayor por parte de los depredadores que eran capaces de volar con verdaderos aleteos, y no solo planear. Hace 156 millones de años, la competencia local incluía a varios pterosaurios y a dinosaurios parecidos a las aves con alas emplumadas.

Algunos datos sobre el Yi

CLASE	Reptiles
SUPERORDEN	Dinosaurios
SUBORDEN	Terópodos
ESPECIE	*Yi qi*
ÁREA DE DISTRIBUCIÓN	China, en Asia
PERIODO DE TIEMPO	Hace 164-159 millones de años
TAMAÑO	60-70 cm (24-28 pulgadas) de largo

El *Yi* era uno de los dinosaurios terópodos más pequeños. Aunque su cuerpo, sus patas y su cola estaban cubiertos de plumas erizadas, sus alas carecían de ellas.

Periodo Cretácico

En el Cretácico, hace 145-66 millones de años, los dinosaurios adquirieron formas y tamaños extraordinarios. Fue la época de los terópodos más feroces y veloces, de los sauropodomorfos más enormes, de los tireóforos mejor protegidos y de los cerápodos con crestas, cráneos y collarines de formas más extraordinarias. Mientras que algunos dinosaurios se especializaban en comer hormigas o peces, otros eran excavadores. Como los dinosaurios habían dominado la Tierra, algunos reptiles se habían adaptado a la vida en el agua. Los reptiles marinos, como los mosasaurios y los plesiosaurios, eran los principales depredadores de los océanos.

El Cretácico finalizó con una de las mayores catástrofes jamás ocurridas en la Tierra, cuando un meteorito se precipitó en el océano frente a las costas de lo que hoy es Norteamérica. Las nubes de polvo bloquearon el Sol durante varios meses y la mayoría de los animales que pesaban más de 25 kg murieron de inanición. El inmenso tamaño de casi todos los reptiles los perjudicó. Los dinosaurios, los pterosaurios y buena parte de los reptiles marinos fueron aniquilados. Sin embargo, sobrevivieron reptiles más pequeños, como las serpientes, los lagartos, las tortugas y los cocodrilos. También sobrevivieron algunos dinosaurios que habían evolucionado hasta convertirse en aves, así como pequeños invertebrados, peces, anfibios y mamíferos.

En el transcurso de este periodo, los continentes siguieron separándose y se fueron acercando a las posiciones que ocupan hoy. El clima era más cálido y húmedo que ahora. El nivel del mar era superior al actual, por lo que los mares poco profundos cubrían gran parte de los continentes. En el Cretácico temprano aparecieron las plantas con flores, que producían semillas encerradas en sus frutos. Este tipo de plantas, incluidas las gramíneas, los árboles frutales y las margaritas, se extendieron por todo el mundo. En la actualidad, constituyen alrededor del 90 % de todas las plantas terrestres.

El *Colepiocephale* era un dinosaurio cerápodo con un cráneo extrañamente abovedado. Los paleontólogos creen que esta característica evolucionó porque era útil en las competiciones de golpes de cabeza que se daban entre los miembros de la manada. Habitó el actual territorio de Canadá hace unos 80-77 millones de años.

Hace unos 70 millones de años, en lo que hoy es Mongolia, un tiranosaurio hambriento, el *Tarbosaurus*, sorprendía a dos terópodos más pequeños, el *Zanabazar* (detrás) y el *Gallimimus* (delante), que bebían en un río. Con sus largas patas y su esbelto cuerpo, es probable que el *Gallimimus* haya escapado más rápido que su pariente más pequeño, a una velocidad de hasta 56 km/h (35 millas por hora).

Wessex

A principios del periodo Cretácico, el sur de Inglaterra era más seco y cálido que hoy. Las rocas de lodo y arenisca de la formación Wessex de la región han revelado fósiles de feroces terópodos y de dinosaurios herbívoros que vivieron hace unos 130 millones de años.

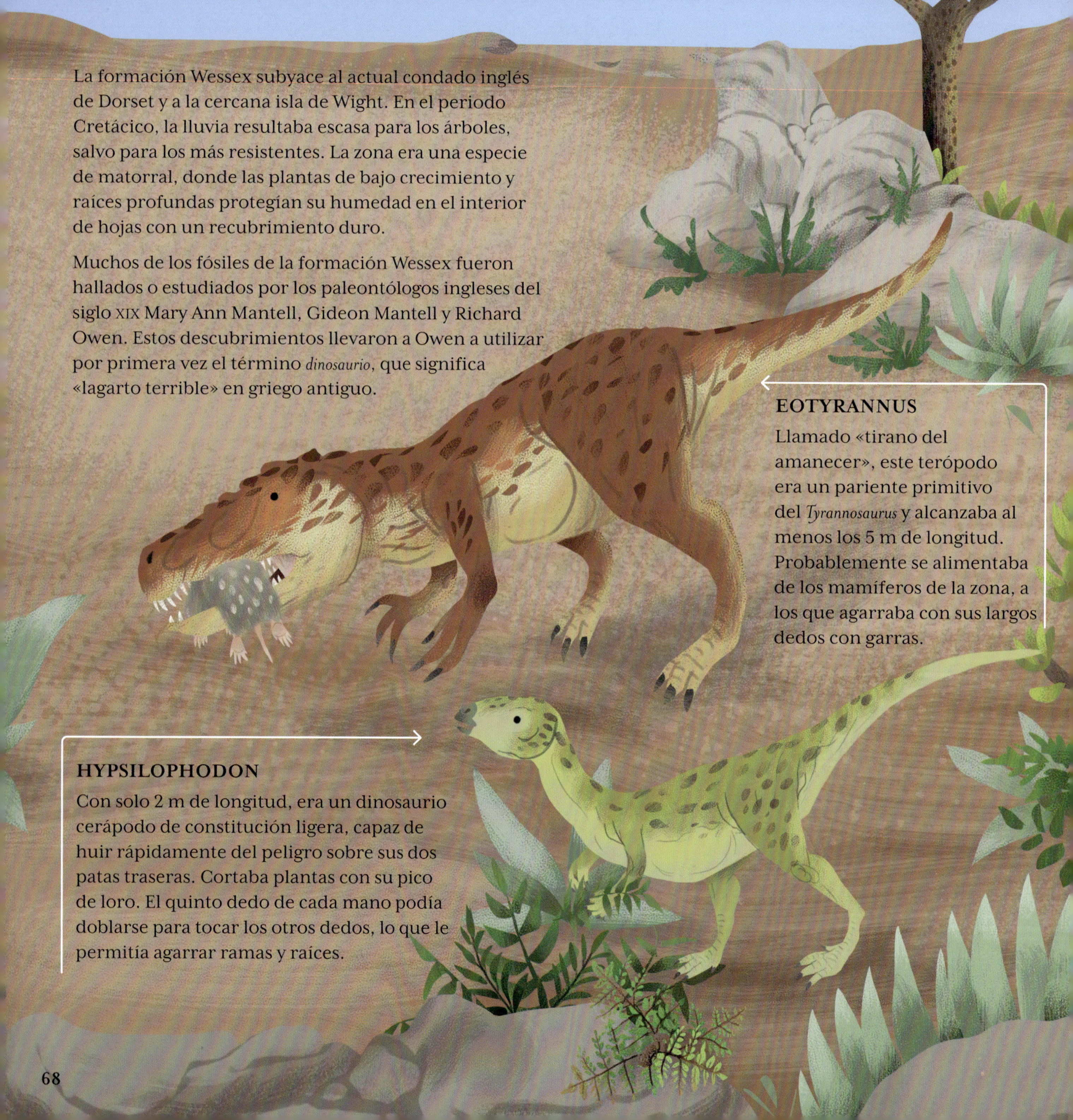

La formación Wessex subyace al actual condado inglés de Dorset y a la cercana isla de Wight. En el periodo Cretácico, la lluvia resultaba escasa para los árboles, salvo para los más resistentes. La zona era una especie de matorral, donde las plantas de bajo crecimiento y raíces profundas protegían su humedad en el interior de hojas con un recubrimiento duro.

Muchos de los fósiles de la formación Wessex fueron hallados o estudiados por los paleontólogos ingleses del siglo XIX Mary Ann Mantell, Gideon Mantell y Richard Owen. Estos descubrimientos llevaron a Owen a utilizar por primera vez el término *dinosaurio*, que significa «lagarto terrible» en griego antiguo.

EOTYRANNUS

Llamado «tirano del amanecer», este terópodo era un pariente primitivo del *Tyrannosaurus* y alcanzaba al menos los 5 m de longitud. Probablemente se alimentaba de los mamíferos de la zona, a los que agarraba con sus largos dedos con garras.

HYPSILOPHODON

Con solo 2 m de longitud, era un dinosaurio cerápodo de constitución ligera, capaz de huir rápidamente del peligro sobre sus dos patas traseras. Cortaba plantas con su pico de loro. El quinto dedo de cada mano podía doblarse para tocar los otros dedos, lo que le permitía agarrar ramas y raíces.

WIGHTIA

Llamado así por la isla de Wight, este pterosaurio de gran cresta se encaramaba a las ramas con sus largas y curvadas garras. Es posible que se alimentara de semillas y de algunas de las primeras bayas del mundo.

NEOVENATOR

Este terópodo era probablemente el principal depredador de su hábitat. Rastreaba a sus presas gracias a su aguda vista y a su olfato. Tardaba probablemente treinta o cuarenta años en alcanzar su tamaño completo, de 7 m de longitud.

ARISTOSUCHUS

Este pequeño dinosaurio terópodo puede haber cazado en manadas para derribar a los grandes herbívoros. Tenía una cubierta de plumas y estaba más emparentado con las aves que con los terópodos voluminosos como el *Neovenator*.

MANTELLISAURUS

Era un iguanodonte perteneciente a un grupo de voluminosos dinosaurios cerápodos herbívoros que solían tener un gran pincho en el pulgar. Lo utilizaban para abrir la fruta y herir a los atacantes.

Baryonyx

Este dinosaurio terópodo tenía un largo hocico parecido al de un cocodrilo. Al igual que estos, pasaba parte de su vida en el agua, donde capturaba peces, y otra parte en la tierra, donde atrapaba cualquier animal de tamaño pequeño o mediano con el que se cruzaba.

CAZADOR DE PECES

En 1983, William Walker exploraba un pozo de arcilla en el sur de Inglaterra. Durante la semana trabajaba como fontanero, pero en su tiempo libre le gustaba buscar fósiles. Walker tuvo suerte: encontró una garra curvada de 31 cm de largo. Tras llevarla al Museo de Historia Natural de Londres, se identificó como perteneciente a una nueva especie de dinosaurio terópodo, bautizado como *Baryonyx walkeri*. *Baryonyx* significa «garra pesada», mientras que *walkeri* hace referencia a William Walker.

La garra que Walker encontró era del primer dedo de una mano del *Baryonyx*. El dinosaurio tenía tres dedos con garras en cada mano, pero la primera era la más larga. Sus garras curvas eran particularmente adecuadas para arponear peces. El *Baryonyx* tenía 96 dientes, muchos más que la mayoría de los terópodos. El *Tyrannosaurus*, por ejemplo, tenía 60. Estos dientes eran puntiagudos y cónicos, lo que los hacía ideales para agarrar peces resbaladizos.

El largo cuello en forma de *S* y el estrecho hocico del *Baryonyx* también le permitían alcanzar a los peces que pasaban a toda velocidad. Sus fosas nasales estaban situadas bastante atrás en el hocico, lo que es habitual en los animales que respiran aire y a menudo sumergen la cara en el agua.

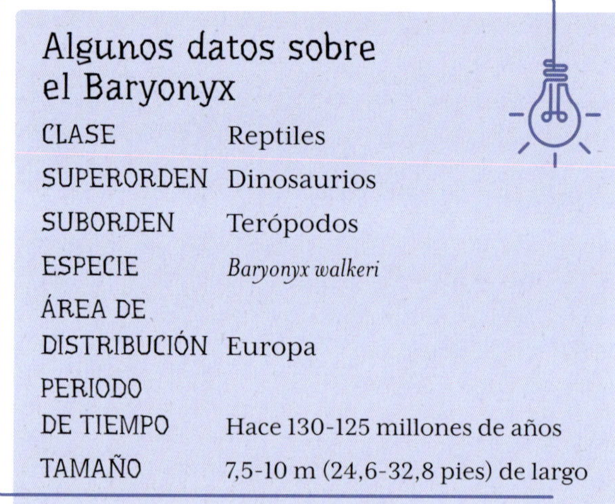

Algunos datos sobre el Baryonyx

CLASE	Reptiles
SUPERORDEN	Dinosaurios
SUBORDEN	Terópodos
ESPECIE	*Baryonyx walkeri*
ÁREA DE DISTRIBUCIÓN	Europa
PERIODO DE TIEMPO	Hace 130-125 millones de años
TAMAÑO	7,5-10 m (24,6-32,8 pies) de largo

EVITAR LA COMPETENCIA

Como la mayoría de los animales, el *Baryonyx* probablemente podía nadar cuando era necesario, pero la forma de su cuerpo era más adecuada para vadear aguas poco profundas que para bucear en las profundidades. La región donde vivía tenía muchos lagos poco profundos y pantanos. Mientras que otros terópodos locales, como el *Neovenator*, de 7 m, merodeaban tierra adentro, el *Baryonyx* pudo haberse quedado en la orilla para evitar la competencia.

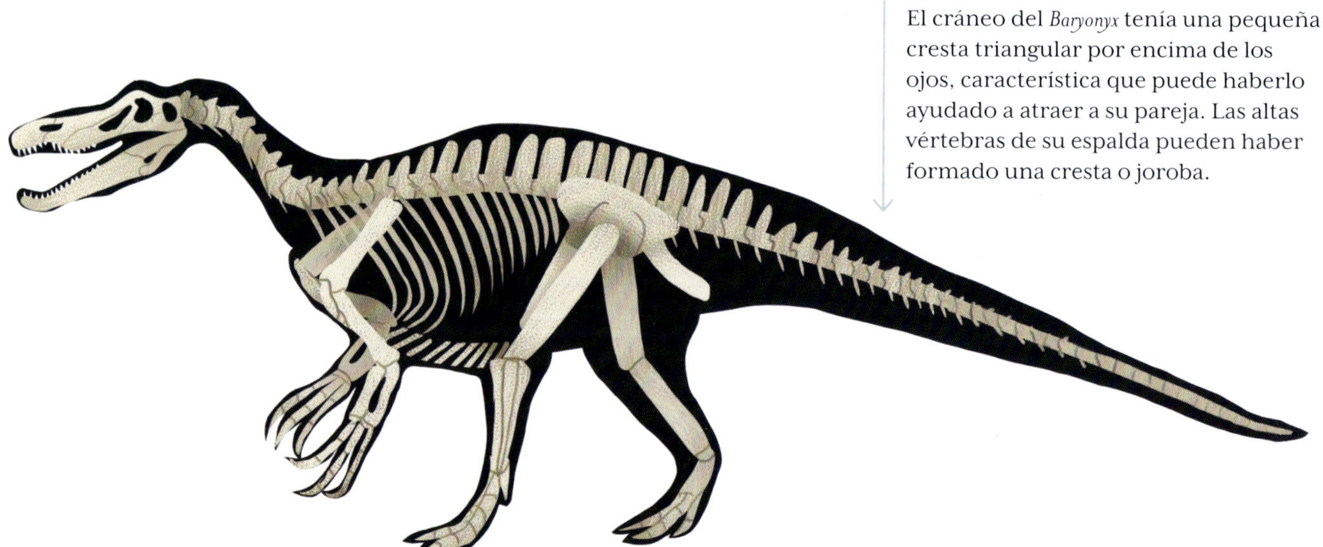

El cráneo del *Baryonyx* tenía una pequeña cresta triangular por encima de los ojos, característica que puede haberlo ayudado a atraer a su pareja. Las altas vértebras de su espalda pueden haber formado una cresta o joroba.

Se han encontrado escamas de pescado en el estómago de un *Baryonyx* fosilizado. Algunos paleontólogos creen que golpeaba y enganchaba peces fuera del agua utilizando sus largas garras, como un oso pardo moderno.

Anquilosaurios

Estos herbívoros tenían un cuerpo voluminoso protegido por gruesos escudos que formaban una coraza casi sólida, parecida al caparazón de una tortuga. Había dos familias principales: los anquilosaurios, que tenían un garrote óseo en la cola, y los nodosaurios, que a menudo tenían púas en los hombros.

PANOPLOSAURUS

A diferencia de otros nodosaurios, el *Panoplosaurus* no tenía picos en los hombros. Su cráneo estaba cubierto de escudos particularmente abultados. Al menos siete tipos diferentes de escudos cubrían el resto de su cuerpo, tenía desde pequeñas placas en la parte inferior hasta grandes placas rectangulares y estriadas en la nuca.

BOREALOPELTA

Un minero canadiense descubrió por primera vez un fósil de este nodosaurio en 2011. Sus gruesos escudos, su piel rojiza y el contenido de su estómago estaban bien conservados. La última comida del *Borealopelta* hallado había consistido en helechos, mordidos con su pico desdentado y luego triturados con los pequeños dientes en forma de hoja de sus mejillas.

SILVISAURUS

Su nombre significa «lagarto del bosque». Fue un nodosaurio que vivió en una región boscosa de lo que hoy es Estados Unidos. Probablemente tenía una lengua larga y flexible que le ayudaba a agarrar plantas como helechos y cícadas del suelo del bosque.

EUOPLOCEPHALUS

Al igual que sucedía con otros anquilosaurios o «lagartos fusionados», muchos de los huesos del cráneo y del cuerpo del *Euoplocephalus* estaban unidos entre sí, lo que los hacía extremadamente fuertes. Sus gruesas patas y su parte inferior estaban menos protegidas, pero su postura baja dificultaba que los depredadores alcanzaran estas zonas vulnerables.

MINOTAURASAURUS

Debido al aspecto de toro de su enorme cabeza con cuernos, este anquilosaurio recibió su nombre del Minotauro, un monstruo de los mitos griegos con cabeza de toro y cuerpo de hombre. El *Minotaurasaurus* vivía en lo que hoy es Mongolia, donde se defendía de manadas de dromaeosaurios rápidos como el *Velociraptor*.

Algunos datos sobre los anquilosaurios

CLASE	Reptiles
SUPERORDEN	Dinosaurios
SUBORDEN	Thyreophora
ÁREA DE DISTRIBUCIÓN	Norteamérica, Europa, África, Asia y Antártida
PERIODO DE TIEMPO	Hace 155-66 millones de años
TAMAÑO	3-8 m (9,8-26,2 pies) de largo

ANKYLOSAURUS

Este miembro de la familia de los anquilosaurios tenía una maza en la cola, hecha de escudos unidos, que medía hasta 57 cm (22 pulgadas) de ancho y pesaba hasta 23 kg (50 libras). Los poderosos músculos y tendones de su grupa y su cola le permitían blandir esta arma con la fuerza suficiente como para romper los huesos de las piernas de sus atacantes.

Giganotosaurus

Fue uno de los terópodos más grandes conocidos. Rivalizaba en tamaño con su pariente posterior, el *Tyrannosaurus*. Las estimaciones de su longitud oscilan entre 12 y más de 13 m, y probablemente pesaba entre 5500 y 8500 kg, más que cinco automóviles familiares.

MANDÍBULA GIGANTE

El *Giganotosaurus* tenía uno de los cráneos más largos entre los terópodos conocidos: medía alrededor de 1,6 m (5,2 pies). Sus maxilares, fuertes y muy musculosos, contaban con 76 dientes afilados. Los delanteros tenían hasta 12 estrías o pequeñas puntas por cada 1 mm (0,04 pulgadas) a lo largo de sus bordes anterior y posterior. Como las estrías de un cuchillo de trinchar, cortaban escamas, carne y músculo. Los dientes a los lados de los maxilares tenían crestas de esmalte que ayudaban a triturar. La punta delantera de su maxilar inferior sobresalía hacia abajo, formando una especie de barbilla, que ayudaba a absorber la tensión cuando mordía a su presa.

El *Giganotosaurus* persigue a un joven *Andesaurus* que se ha alejado de su manada. El objetivo del terópodo es asestar un mordisco cortante a su presa, que pronto se debilitará por la pérdida de sangre.

LAGARTO GIGANTE DEL SUR

Este dinosaurio, cuyo nombre significa «lagarto gigante del sur» en griego antiguo, era el principal depredador de su hábitat sudamericano. Los paleontólogos creen que se alimentaba de sauropodomorfos jóvenes, como el *Andesaurus* y el *Limaysaurus*. Si el *Giganotosaurus* se aliaba con otros miembros de su especie, podría haber matado a sauropodomorfos adultos.

Los paleontólogos se preguntan si el inmenso tamaño de este dinosaurio le impedía correr, pero algunos creen que podía hacerlo hasta 50 km/h (31 millas por hora) con sus largas patas traseras, mucho más rápido de lo que podría moverse un sauropodomorfo. Cuando el *Giganotosaurus* corría o caminaba, su huesuda y pesada cola equilibraba el peso de su cuerpo y cráneo. Sus cortos brazos, con tres dedos en forma de garra, podrían haberle servido para arañar y perforar presas a corta distancia.

Algunos datos sobre el *Giganotosaurus*

CLASE	Reptiles
SUPERORDEN	Dinosaurios
SUBORDEN	Terópodos
ESPECIE	*Giganotosaurus carolinii*
ÁREA DE DISTRIBUCIÓN	Argentina, en Sudamérica
PERIODO DE TIEMPO	Hace 99-95 millones de años
TAMAÑO	12-13 m (39,4-42,7 pies) de largo

Mar Interior Occidental

El Mar Interior Occidental dividía en dos el actual subcontinente de Norteamérica durante el Cretácico superior. Hace unos 80 millones de años, entre los grandes depredadores del océano había temibles tiburones y tortugas de pico afilado. El mayor carnívoro de todos era el reptil marino *Tylosaurus*.

La vía marítima era poco profunda, con no más de 760 m (2495 pies), pero tenía 1000 km (620 millas) de ancho y 3200 km (1990 millas) de largo. Era un ambiente soleado y cálido. Rebosaba de vida: había desde plantas y algas hasta invertebrados, peces, reptiles y aves marinas. A finales del periodo Cretácico, el interior de Norteamérica se elevó y la vía marítima se secó. Los fósiles encontrados en rocas como la formación de Pierre Shale, que se extiende desde la Manitoba canadiense hasta Nuevo México en Estados Unidos, nos han enseñado cómo eran los animales de la cuenca marina. El esquisto se formó en el fondo marino cuando el lodo se comprimió hasta endurecerse.

DOLICHORHYNCHOPS

Su nombre significa «cara de nariz larga» en griego antiguo. Era un plesiosaurio, un reptil marino de cuello largo con cuatro poderosas aletas. Tenía una fuerte mandíbula y dientes para triturar las conchas de pequeños invertebrados.

TYLOSAURUS

Era un mosasaurio, y pertenecía a un grupo de reptiles marinos que probablemente evolucionó a partir de lagartos y se extinguió a finales del Cretácico. Con una longitud de hasta 15,8 m, podía devorar a la mayoría de los animales marinos, desde tiburones hasta plesiosaurios.

XIPHACTINUS

A diferencia de los tiburones, pero como la mayoría de los peces modernos, este pez tenía un esqueleto de hueso. Llegó a medir más de 5 m de largo, es decir, 2 m más que el pez óseo más grande que existe en la actualidad, el pez luna.

SQUALICORAX

Era un tiburón. Pertenecía a un grupo de peces cuyo esqueleto estaba formado por un cartílago flexible en lugar de hueso. Los tiburones evolucionaron hace unos 420 millones de años. El *Squalicorax* se alimentaba de plesiosaurios, peces y pterosaurios buceadores.

ELASMOSAURUS

El cuello de este plesiosaurio medía hasta 7 m de longitud. Se trata de uno de los cuellos más largos jamás conocidos. El reptil tenía una longitud total de 10 m. Es posible que su cuello lo ayudara a sorprender a los peces cuando acechaba en las aguas más oscuras y luego levantaba la cabeza para morder.

ARCHELON

Es la tortuga más grande que se haya conocido: alcanzaba los 4,6 m de longitud. Con su pico afilado y ganchudo, podía arrancar presas de caparazón duro del fondo marino, así como dar mordiscos mortales a peces y reptiles.

Spinosaurus

Con más de 14 m de longitud, fue el dinosaurio carnívoro más largo que se conoce. Vivía en lo que hoy es el norte de África, entre pantanos, lagos, ríos y marismas. Como un cocodrilo moderno, cazaba tanto en el agua como en la tierra, capturando peces y animales terrestres con su larga y fuerte mandíbula. Este dinosaurio tenía una extraña estructura en la espalda, como una especie de vela, formada por espinas óseas cubiertas de tejido y piel.

ESPECULACIÓN SOBRE LA VELA

La vela del *Spinosaurus* estaba sostenida por una serie de huesos conocidos como espinas neurales, que eran extensiones de las vértebras de su columna vertebral. Las espinas neurales alcanzaban 1,65 m de longitud. Algunos paleontólogos creen que la vela ayudaba al dinosaurio a calentarse después de nadar: su amplia superficie habría absorbido calor mientras el reptil tomaba sol.

Otros paleontólogos piensan que la vela era mostrada a posibles parejas o que su gran altura se utilizaba para ahuyentar a los rivales. Hay paleontólogos que creen que la vela era útil para capturar presas bajo el agua. El pez vela moderno tiene una estructura del estilo que le ayuda a dirigir el agua para empujar a los bancos de peces donde puedan ser atrapados.

HABITANTE DE LA COSTA

El *Spinosaurus* probablemente pasaba gran parte de su tiempo en el agua cazando peces. Podía nadar en busca de sus presas remando con sus extremidades y agitando su alta cola en forma de remo. Cuando los estanques y pantanos se secaban, probablemente capturaba pterosaurios mientras descansaban, u otras presas terrestres de tamaño mediano o pequeño. Caminaba sobre sus patas traseras cuando estaba en la tierra. Tenía los pies anchos, tal vez palmeados, para no hundirse en el lodo. El hocico de este dinosaurio, largo y estrecho como el de un cocodrilo, tenía dientes en forma de cono. Estos eran adecuados para perforar peces resbaladizos.

El *Spinosaurus* tenía tres dedos largos con garras, una de ellas extralarga (de 50 cm) en el pulgar, para agarrar a sus presas. Aunque su estrecha mandíbula sugiere que no se alimentaba de grandes animales terrestres, podía defenderse de los terópodos locales. Es posible que se produjeran peleas cuando el *Spinosaurus* se adentraba en las zonas de caza de los terópodos durante la estación seca. Un fósil de *Spinosaurus* tiene una mordedura en la vela hecha por el terópodo *Carcharodontosaurus*, de 12 m de longitud. La mordedura había cicatrizado, por lo que el *Spinosaurus* debió sobrevivir a la batalla.

Algunos datos sobre el Spinosaurus

CLASE	Reptiles
SUPERORDEN	Dinosaurios
SUBORDEN	Terópodos
ESPECIE	*Spinosaurus aegyptiacus*
ÁREA DE DISTRIBUCIÓN	Norte de África
PERIODO DE TIEMPO	Hace 99-93 millones de años
TAMAÑO	12,6-14,3 m (41,3-47 pies) de largo

El *Spinosaurus* (izquierda) pesaba unos 7400 kg y medía hasta 4,4 m, incluida la vela. Su feroz adversario, el *Carcharodontosaurus*, pesaba unos 6000 kg (13.200 libras) y alcanzaba una altura de 3,8 m (12,5 pies).

Paquicefalosaurios

El nombre de estos dinosaurios significa «lagartos de cabeza gruesa» en griego antiguo. Tenían cráneos muy gruesos en forma de cúpula. Pueden haber usado sus cabezas para darse cabezazos, como lo hacen hoy las cabras montesas macho. Estos dinosaurios eran herbívoros o posiblemente omnívoros.

PACHYCEPHALOSAURUS

La cúpula de su cráneo, formada por huesos de hasta 25 cm (10 pulgadas) de grosor, habría amortiguado el pequeño cerebro del dinosaurio ante los golpes. Tenía un pico para cortar tallos, mientras que los lados de la mandíbula tenían pequeños dientes en forma de hoja adecuados para triturar. El pico también tenía dientes afilados para atrapar insectos.

PRENOCEPHALE

Al igual que sus parientes, los machos de *Prenocephales*, cuyo nombre significa «cabeza inclinada», pueden haber participado de competiciones de cabezazos con sus rivales, por el acceso a las hembras o a los mejores lugares para alimentarse. Los ganadores de estas competiciones pueden haberse convertido en líderes de la manada.

ALASKACEPHALE

Este dinosaurio debe su nombre al estado norteamericano de Alaska, donde se descubrieron por primera vez sus fósiles, en una zona que era una llanura costera fangosa, durante el Cretácico superior. El *Alaskacephale* se alimentaba de hojas de árboles en flor, arbustos, hierbas y helechos.

STEGOCERAS

De joven pudo haber tenido un cráneo plano, que crecía en una cúpula con la edad. El borde de la cúpula tenía protuberancias ornamentales. Es posible que un *Stegoceras* adulto mostrara su cabeza para atraer a su pareja, y que los cráneos más grandes y mejor ornamentados tuvieran más éxito.

COLEPIOCEPHALE

Su nombre significa «cabeza de nudillos». Al igual que sus parientes, el *Colepiocephale* tenía ojos grandes. La región de su cerebro encargada de procesar los olores era inusualmente grande para un dinosaurio. Ambas características lo ayudaban a detectar a los depredadores que se acercaban y a encontrar comida.

Algunos datos sobre los paquicefalosaurios

CLASE	Reptiles
SUPERORDEN	Dinosaurios
SUBORDEN	Cerápodos
ÁREA DE DISTRIBUCIÓN	América del Norte y Asia
PERIODO DE TIEMPO	Hace 92-66 millones de años
TAMAÑO	2-4,5 m (6,6-15 pies) de longitud

GOYOCEPHALE

Su nombre significa «cabeza decorada». Puede haber tenido un cráneo más plano que la mayoría de los paquicefalosaurios. Sin embargo, solo se ha encontrado un cráneo en el desierto de Gobi, en Asia Central. Es posible que perteneciera a un ejemplar joven cuyo cráneo aún estaba creciendo.

Argentinosaurus

Este dinosaurio fue uno de los animales más grandes que pisaron la Tierra. Llegó a medir 35 m de largo, lo mismo que siete automóviles familiares, y llegó a pesar 75.000 kg, más de siete veces el peso del animal terrestre más grande de la actualidad, el elefante africano.

MÁS GRANDE Y MEJOR

El *Argentinosaurus* era un sauropodomorfo herbívoro de cuello largo. Su inmenso tamaño tenía dos ventajas principales. La primera era que, en cuanto un *Argentinosaurus* era medianamente grande, pocos dinosaurios terópodos intentaban atacarlo. La segunda era que su enorme abdomen dejaba espacio para unos intestinos inmensamente largos y enrollados para absorber los nutrientes de los alimentos.

Los fósiles no pueden decirnos qué longitud tenían los intestinos del *Argentinosaurus*, pero el animal más grande de la actualidad, la ballena azul, de 29,9 m, tiene intestinos de más de 200 m de longitud. Los alimentos podrían haber pasado entre una y dos semanas en el sistema digestivo del *Argentinosaurus*, lo que permitía a las paredes de los intestinos absorber la máxima energía de su dieta de hojas de coníferas, de bajo valor energético.

TITANOSAURIOS

El *Argentinosaurus* era miembro del grupo de los titanosaurios sauropodomorfos. Los titanosaurios vivieron en los siete continentes y fueron los herbívoros más comunes de su época. También fueron el último grupo de sauropodomorfos supervivientes, ya que se extinguieron tras el impacto de un meteorito contra la Tierra hace unos 66 millones de años. El grupo de los titanosaurios incluye algunos de los sauropodomorfos más pequeños que se conocen, como el *Magyarosaurus*, de solo 6 m de longitud, y los más grandes, como el *Patagotitan*, que podría haber rivalizado con el *Argentinosaurus* en tamaño.

Las hembras de titanosaurio ponían los huevos en nidos compartidos, donde cavaban agujeros con sus patas traseras y luego removían el lodo y las hojas para ocultarlos. Un *Argentinosaurus* recién nacido solo medía alrededor de 1 m de largo y no pesaba más de 5 kg. Probablemente recibía pocos cuidados de sus padres, por lo que su mejor oportunidad de sobrevivir era crecer rápido. Durante sus años de mayor crecimiento, un *Argentinosaurus* joven podía llegar a aumentar 40 kg en un día. Tardaba al menos 15 años en alcanzar su tamaño completo.

Algunos datos sobre el Argentinosaurus

CLASE	Reptiles
SUPERORDEN	Dinosaurios
SUBORDEN	Sauropodomorfos
ESPECIE	*Argentinosaurus huinculensis*
ÁREA DE DISTRIBUCIÓN	Argentina, en Sudamérica
PERIODO DE TIEMPO	Hace 96-92 millones de años
TAMAÑO	30-35 m (98,4-114,8 pies) de largo

El mayor depredador del hábitat del *Argentinosaurus* era el terópodo *Mapusaurus*, que llegó a medir 11,5 m de largo. No podía matar a un *Argentinosaurus* adulto, pero puede haberlo utilizado como bocadillo, mordiendo trozos cuando podía.

Djadochta

En el desierto de Gobi, en Mongolia, se encuentra la formación Djadochta de rocas areniscas, de 75 millones de años de antigüedad. Es rica en fósiles y huevos de dinosaurios. Cuando se formaron las rocas, esta zona era seca, arenosa y estaba azotada por el viento, igual que hoy.

Muchos de los dinosaurios fosilizados en Djadochta murieron al quedar enterrados en la arena por las tormentas o por el colapso de las dunas. Estas pueden haberse derrumbado tras volverse inestables durante fuertes lluvias repentinas. Algunos dinosaurios quedaron atrapados mientras estaban sentados en su nido. La arena impidió que los cuerpos fueran devorados por dinosaurios o aves hambrientos, aunque algunos fueron mordisqueados por invertebrados excavadores. La arena impregnada de agua, y los dinosaurios enterrados, se convirtieron lentamente en rocas y fósiles.

ALMAS

Este pequeño dinosaurio terópodo con aspecto de pájaro, cuyo nombre hace referencia a una criatura en parte humana y en parte monstruosa proveniente de los cuentos mongoles, se alimentaba de lagartos e insectos. Las hembras ponían sus huevos en huecos que hacían en el suelo y luego se sentaban sobre ellos para mantenerlos calientes. Al igual que el *Saurornithoides*, pertenecía al grupo de los troodóntidos.

HALSZKARAPTOR

Con solo 60 cm de longitud, este dinosaurio era pariente cercano de dos pequeños depredadores: el *Velociraptor* y el *Tsaagan*. Mientras que algunos paleontólogos creen que el *Halszkaraptor* vivía solo en la tierra, otros piensan que pasaba tiempo en el agua, utilizando su pico dentado para capturar peces.

PINACOSAURUS

En el hábitat de este anquilosaurio no había terópodos grandes, pero sí pequeños y veloces. El *Pinacosaurus* era más ligero que la mayoría de los anquilosaurios, lo que le confería mayor agilidad. La maza de su cola, de tamaño moderado, era lo bastante pesada como para hacer volar a un pequeño terópodo.

TSAAGAN

De unos 2 m de longitud, este terópodo estaba hecho para la velocidad, tenía largas patas y un cuerpo esbelto. Posiblemente cazaba en grupo para acosar a los herbívoros hasta que se cansaban y debilitaban.

UDANOCERATOPS

Este herbívoro fue uno de los primeros ceratopsianos. A diferencia de su pariente posterior, el *Triceratops*, carecía de cuernos y solo tenía una pequeña cresta en el cuello. Se cree que los ceratopsianos cuidaban de sus crías hasta que eran lo suficientemente grandes como para defenderse.

SAURORNITHOIDES

Este terópodo con aspecto de ave tenía una garra más larga en el segundo dedo de cada pie, que utilizaba para inmovilizar a pequeños mamíferos y reptiles. Cuando corría, levantaba este dedo del suelo. El veloz *Saurornithoides* tenía un cerebro grande en comparación con el tamaño de su cuerpo.

Alvarezsáuridos

Se cree que esta familia de pequeños dinosaurios emplumados era mirmecófaga, lo que significa que es posible que se alimentaran principalmente de termitas y de hormigas. Tenían brazos cortos y garras en forma de gancho, y músculos pectorales inusualmente fuertes, lo que podría haberles ayudado a excavar en los nidos de esos insectos.

SHUVUUIA

El nombre de este dinosaurio procede de la palabra mongola *shuvuu*, que significa «pájaro» debido a sus plumas, que eran parecidas a las de las aves, y también a su esqueleto pequeño y ligero. Con solo 60 cm de longitud, el *Shuvuuia* podía escapar de sus depredadores corriendo rápidamente sobre sus largas y delgadas patas traseras.

ALBERTONYKUS

Hallado en Alberta, Canadá, este dinosaurio pudo haber utilizado sus garras para romper la corteza de troncos en descomposición y alcanzar a las numerosas termitas que taladraban la madera y vivían en su hábitat boscoso. Como sus parientes, tenía dientes diminutos para triturar a sus presas.

PARVICURSOR

Al igual que otros miembros de su familia, tenía un dedo grande con garras en cada mano, así como dos dedos adicionales demasiado pequeños para ser funcionales. El dedo principal, en forma de gancho, era adecuado para abrir nidos de termitas. Su largo hocico era ideal para alcanzar los nidos, como el hocico de un oso hormiguero moderno.

ALVAREZSAURUS

Fue el primer dinosaurio de su familia en ser descubierto, en Argentina, en 1991. Debe su nombre al historiador argentino Gregorio Álvarez. Al principio se pensó que era un ave no voladora, pero ahora se cree que forma parte del grupo de dinosaurios terópodos emplumados coelurosaurios, del que evolucionaron las aves.

LINHENYKUS

Llamado así por la ciudad de Linhe, en China, este pequeño alvarezsáurido probablemente pesaba tanto como un loro grande. Es posible que tuviera una lengua larga que, como la de un pájaro carpintero moderno, le ayudara a alcanzar termitas escondidas.

Algunos datos sobre los alvarezsáuridos

CLASE	Reptiles
SUPERORDEN	Dinosaurios
SUBORDEN	Terópodos
ÁREA DE DISTRIBUCIÓN	Norteamérica, Sudamérica y Asia
PERIODO DE TIEMPO	Hace 97-66 millones de años
TAMAÑO	0,4-2 m (1,3-6,6 pies) de largo

QIUPANYKUS

En 2018 se encontraron fósiles de este dinosaurio junto a huevos rotos de dinosaurios oviraptorideos. Esto ha hecho que los paleontólogos se pregunten si el *Qiupanykus*, y tal vez sus parientes, utilizaban sus garras ganchudas para romper los huevos que comían.

Parasaurolophus

Su nombre significa «lagarto con cresta» en griego antiguo, debido a la alta cresta de su cabeza. Se cree que la utilizaba para atraer a su pareja o hacer llamadas ruidosas. Es posible que esta fuera más grande en los machos adultos que en las hembras y en los machos jóvenes.

PERFECTO COMEDOR DE PLANTAS

El *Parasaurolophus* pertenecía al suborden de los dinosaurios cerápodos. Eran herbívoros con mandíbula córnea, afilada y en forma de pico, que usaban para cortar ramas. El *Parasaurolophus* también pertenecía a la familia de los cerápsidos hadrosaurios, que a menudo se denominan dinosaurios pico de pato debido a su hocico aplanado, que se asemejaba al pico de este ave.

El pico de los hadrosaurios no tenía dientes, pero en la parte posterior de su mandíbula había varias filas de dientes trituradores con los que masticaban fácilmente los vegetales duros. Los hadrosaurios tenían además mejillas musculosas que les ayudaban a retener mucha comida en la boca. Esto les permitía comer y digerir grandes cantidades de hojas, ramitas y agujas de pino. Un miembro de la familia, el *Edmontosaurus* (ver la página 102), fue uno de los últimos supervivientes.

El *Parasaurolophus* podía caminar sobre dos o cuatro patas. Cuando deambulaba lentamente de planta en planta, probablemente equilibraba su gran peso, de hasta 5000 kg (11.000 libras), sobre las cuatro patas. Sin embargo, cuando se veía amenazado por un terópodo podía correr rápido sobre sus largas patas traseras.

CRESTA CURIOSA

Muchos paleontólogos suponen que la cresta de la cabeza del *Parasaurolophus* le ayudaba a comunicarse. Dicha cresta, larga y curvada, era hueca. Cuando el *Parasaurolophus* llamaba a su manada, los sonidos rebotaban dentro de ella y los hacía más fuertes, como sucede con el sonido de una cuerda en el cuerpo hueco de una guitarra.

Otro posible uso de la cresta era enfriar al *Parasaurolophus* cuando se calentaba, ya que la cresta tenía una gran superficie a través de la cual perdía calor corporal. También es posible que un macho adulto mostrara su cresta en la época de apareamiento, ya que los machos con las crestas más grandes tenían más éxito con las hembras.

La cresta hueca del *Parasaurolophus* estaba formada por huesos premaxilares y nasales extendidos. En otros dinosaurios, los huesos premaxilares eran pequeños huesos situados en la punta del maxilar superior. Los huesos nasales solían formar la parte superior del hocico.

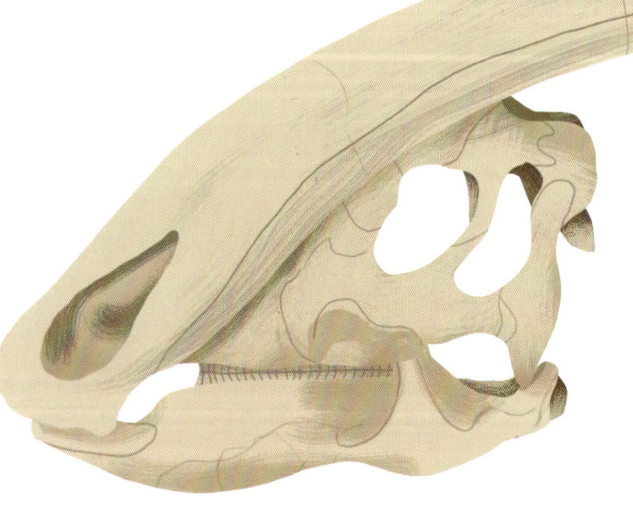

Algunos datos sobre los parasaurolophus

CLASE	Reptiles
SUPERORDEN	Dinosaurios
SUBORDEN	Cerápodos
ESPECIE	*Parasaurolophus walkeri*
ÁREA DE DISTRIBUCIÓN	Norteamérica
PERIODO DE TIEMPO	Hace 76-73 millones de años
TAMAÑO	9-11 m (29,5-36 pies) de largo

Al igual que los ciervos actuales, los *Parasaurolophus* vivían en grandes manadas, compuestas de varios centenares durante la época de apareamiento, y de una docena o menos en otras épocas. Una serie de llamadas ayudaba a la manada a mantenerse unida y a salvo de los depredadores.

Saltasáuridos

Estos sauropodomorfos eran herbívoros de cuello y cola largos. La mayoría medía unos 15 m de largo, por lo que eran más pequeños que gran parte de los sauropodomorfos del Cretácico superior. Tenían como protección una serie de escudos óseos a lo largo de su espalda.

SALTASAURUS

Este dinosaurio debe su nombre a Salta, la provincia de Argentina donde se encontró por primera vez. Su espalda y sus costados tenían escudos ovalados de 12 cm (5 pulgadas) de ancho, y muchos escudos más pequeños rellenaban los huecos entre unos y otros. Con ellos se protegía de los dientes y garras de terópodos enormes como el *Carnotaurus*.

NEUQUENSAURUS

Fue uno de los saltasáuridos más pequeños. Medía unos 8 m de largo y pesaba 10 toneladas. Sus gruesas patas y sus pies en forma de muñón (no tenía dedos ni garras en las patas delanteras) le permitían caminar lentamente más que correr.

ALAMOSAURUS

Llegó a medir 34 m de largo, lo que lo convierte en el más grande de los saltasáuridos y en el dinosaurio de mayor tamaño encontrado en América del Norte. Fue también uno de los últimos sauropodomorfos supervivientes, pero se extinguió tras el impacto de un meteorito contra la Tierra hace 66 millones de años.

BONATITAN

Al igual que otros saltasáuridos, el *Bonatitan* probablemente vivía en manada, lo que ofrecía especial protección a los miembros más jóvenes y débiles del grupo. Es posible que contaran con nidos colectivos, donde todos cavaban agujeros para los huevos que ponían las hembras, antes de cubrirlos con tierra.

Algunos datos sobre los saltasáuridos

CLASE	Reptiles
SUPERORDEN	Dinosaurios
SUBORDEN	Sauropodomorfos
ÁREA DE DISTRIBUCIÓN	Norteamérica, Sudamérica, Europa y Asia
PERIODO DE TIEMPO	Hace 85,8-66 millones de años
TAMAÑO	8-34 m (26-112 pies) de longitud

OPISTHOCOELICAUDIA

Su nombre significa «cola con cavidad posterior» en griego antiguo. Tenía los huesos de la cola con la parte posterior curvada hacia dentro y la parte anterior curvada hacia fuera, de modo que encajaban entre sí para darle a esta una flexibilidad inusual. Es posible que se elevara sobre sus patas traseras para alcanzar los árboles, utilizando la cola para mantener el equilibrio.

ROCASAURUS

Se alimentaba de hojas y brotes, arrancándolos de las ramas con sus dientes en forma de pinza. Al igual que una vaca moderna, probablemente conservaba el alimento en su estómago durante mucho tiempo, y era descompuesto lentamente por las bacterias que lo habitaban.

Oryctodromeus

Su nombre significa «corredor excavador» en griego antiguo. Fue uno de los pocos dinosaurios conocidos que excavaba madrigueras. Este pequeño herbívoro podía huir del peligro corriendo sobre sus patas traseras. Era pariente de herbívoros como los ceratopsianos y los paquicefalosaurios.

Una madriguera ofrece seguridad frente a los depredadores, así como refugio contra las inclemencias del tiempo, desde los calurosos días de verano hasta las tormentosas noches de invierno.

MADRIGUERAS PARA CRÍAS

En 2007 se descubrieron los fósiles de un *Oryctodromeus* adulto y de dos de sus crías en una madriguera subterránea. Esta medía unos 2 m de largo y 0,7 m (2,3 pies) de ancho, el tamaño justo para albergar a la adulta con sus crías tumbadas cerca de ella. El túnel de entrada tenía pliegues que impedían la entrada de depredadores.

La madriguera era similar a las de mamíferos modernos como las hienas y los conejos. Al igual que estos animales, el *Oryctodromeus* probablemente la cavaba para tener un lugar seguro donde criar a sus pequeños. El gran tamaño de las crías, de alrededor de 1,3 m de largo, sugiere que el *Orcytodromeus* cuidaba de sus bebés durante muchos meses. Tomando en cuenta su tamaño y el hecho de que no estaban cubiertas por placas óseas, un largo periodo de cuidados por parte de un progenitor en la seguridad de una madriguera era una excelente forma de asegurar la supervivencia de la especie.

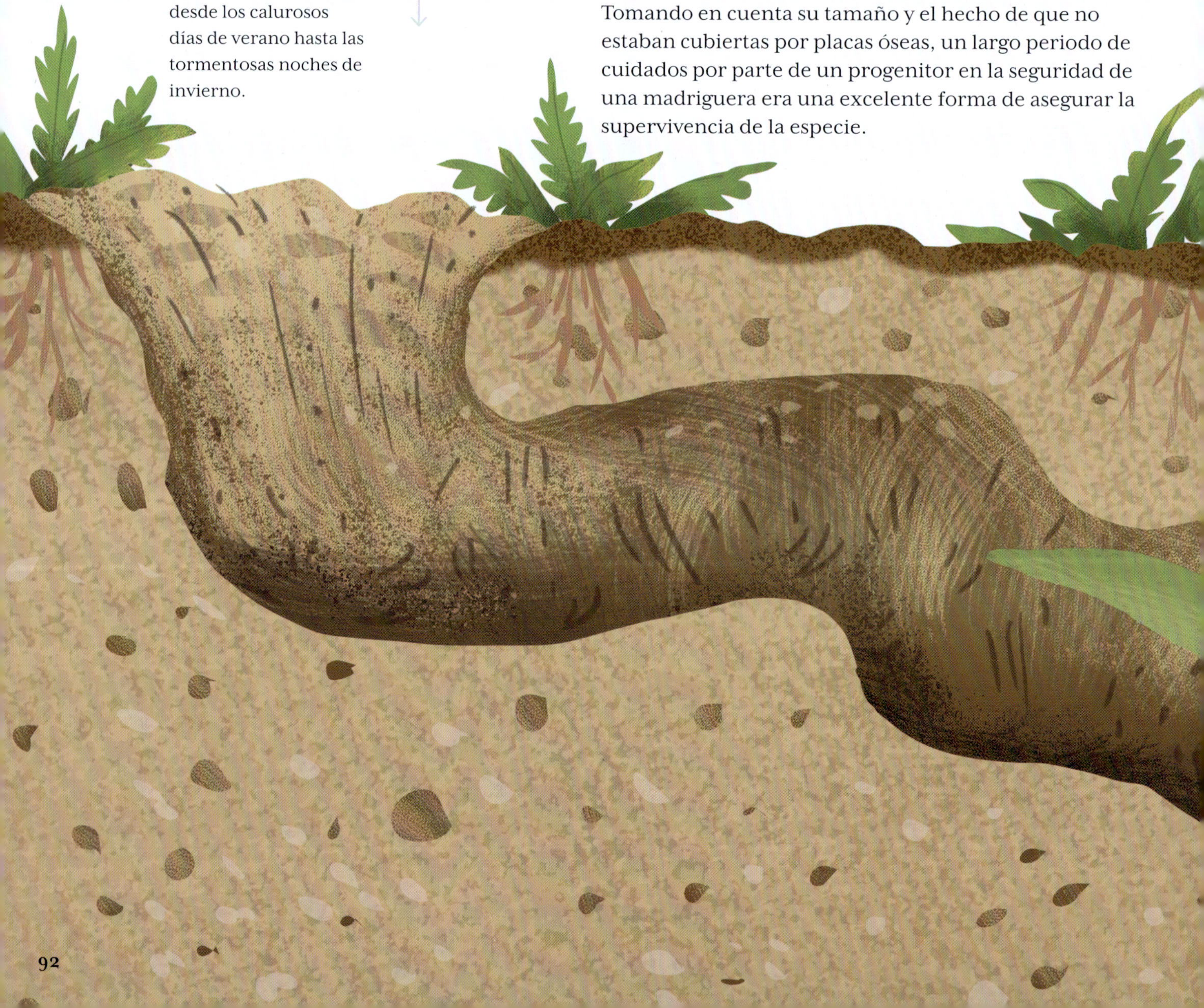

CONSTRUIDOS PARA EXCAVAR

Los animales excavadores, como los topos actuales, que pasan la mayor parte del tiempo bajo tierra, tienen extremidades delanteras muy cortas y poderosas, ideales para excavar. El *Oryctodromeus* tenía patas delanteras tan adaptadas a la excavación como las hienas y los conejos modernos. Tenía hombros y brazos fuertes y musculosos, pero sus manos no eran similares a una pala como las del topo. Como el *Oryctodromeus* solo corría sobre sus patas traseras, sus cortas y anchas extremidades delanteras no influían en su velocidad. Sus caderas eran robustas, lo que le habría ayudado a patear el lodo fuera de la madriguera, y estrechas, lo que reducía la anchura de la madriguera. Su hocico terminaba en un pico córneo especialmente ancho, que también podría haber sido útil para excavar.

Algunos datos sobre el Oryctodromeus

CLASE	Reptiles
SUPERORDEN	Dinosaurios
SUBORDEN	Cerápodos
ESPECIE	*Oryctodromeus cubicularis*
ÁREA DE DISTRIBUCIÓN	Norteamérica
PERIODO DE TIEMPO	Hace 95 millones de años
TAMAÑO	2-2,2 m (6,6-7,2 pies) de longitud

Hell Creek

Se han encontrado cientos de fósiles en las rocas que rodean Hell Creek, en Montana, Estados Unidos. Los fósiles datan de finales del periodo Cretácico, hace 67-66 millones de años atrás.

En el Cretácico superior, Hell Creek se hallaba en la costa del Mar Interior Occidental, que dividía lo que hoy es Norteamérica en dos. La zona era una llanura, donde los arroyos y los ríos serpenteaban hasta el océano. El clima era cálido y húmedo, lo que dio vida a un bosque de árboles con flores y coníferas.

Los fósiles de Hell Creek pertenecen tanto a animales terrestres como acuáticos. Había reptiles como dinosaurios, pterosaurios, cocodrilos, lagartos, serpientes y tortugas. Convivían con aves, insectos, peces, ranas y mamíferos.

DAKOTARAPTOR

Este cazador emplumado era un dromaeosáurido, un miembro de un grupo de dinosaurios con hocico estrecho y cola larga. Al igual que otros dromaeosaurios, el *Dakotaraptor* tenía una garra extralarga en el segundo dedo del pie, que mantenía separada del suelo mientras corría y utilizaba para inmovilizar y atacar a sus presas.

STRUTHIOMIMUS

Este dinosaurio, que huía de los depredadores sobre sus largas patas traseras, posiblemente alcanzaba una velocidad de 50 a 80 km/h (31 a 50 millas por hora). Enganchaba ramas con sus largos dedos y cortaba brotes con su extenso pico desdentado.

AVISAURUS

Era un ave primitiva que tenía dientes en el pico y dedos con garras. Volaba sobre Hell Creek en busca de insectos, lagartos y pequeños mamíferos, pero también es posible que comiera semillas y brotes.

TOROSAURUS

Como la mayoría de los ceratopsianos, tenía cuernos y una cresta en el cuello. Su cráneo, que llegó a medir 2,77 m de largo, es uno de los más grandes entre los animales terrestres conocidos. Podía pesar hasta 12.000 kg (26.500 libras), el equivalente a 150 hombres adultos.

CIMOLOMYS

Era un pequeño mamífero parecido a una rata. Al igual que los mamíferos actuales, su piel estaba cubierta de pelo. Tenía dientes delanteros largos y anchos, adecuados para romper semillas, y dientes con muescas en las mejillas, ideales para masticar raíces duras.

CHAMPSOSAURUS

Este reptil vivía en los ríos y lagos de Hell Creek. Al igual que los cocodrilos actuales, tenía un hocico largo y estrecho. Los fuertes músculos de su mandíbula y sus afilados dientes le permitían capturar peces escurridizos.

Therizinosaurus

Este dinosaurio era un terópodo, pero a diferencia de la mayoría de ellos, se alimentaba de plantas. Pertenecía al grupo conocido como maniraptoranos, lo que significa «ladrones de manos» en latín. Los maniraptoranos solían tener plumas y, por lo general, brazos largos y manos de tres dedos. Otros maniraptoranos son los alvarezsáuridos, los oviraptoridos y las aves.

DE ALTURA

El *Therizinosaurus* era el maniraptoran más grande que se haya conocido, con una altura de 5 m (16,4 pies). Tenía la ventaja de ser más alto que la mayoría de los herbívoros y que todos los depredadores de su hábitat, situado en la región de la actual Mongolia. El depredador local más alto era el *Tarbosaurus* (ver la página 67), de 3,5 m de altura, que no podría haber alcanzado el vulnerable cuello del *Therizinosaurus* cuando el herbívoro se erguía sobre sus patas traseras.

LLEGANDO ALTO

Therizinosaurus significa «lagarto cortador» en griego antiguo. Se refiere a las tres enormes garras de cada una de sus manos, que eran inusualmente rectas y rígidas. Es posible que le sirvieran para engancharse a las ramas altas de los árboles. Esta habilidad le permitía alcanzar hojas que los sauropodomorfos locales no alcanzaban, por lo que no necesitaba competir por la comida. Su cuello largo y flexible también le ayudaba a alimentarse a gran altura sin esfuerzo.

El *Therizinosaurus* se alimentaba de forma similar a un perezoso terrestre (ver la página 117). A pesar de que se cree que era herbívoro, es probable que, ocasionalmente, también pudiera haber cazado pequeños lagartos y mamíferos.

Algunos datos sobre el Therizinosaurus

CLASE	Reptiles
SUPERORDEN	Dinosaurios
SUBORDEN	Terópodos
ESPECIE	*Therizinosaurus cheloniformis*
ÁREA DE DISTRIBUCIÓN	Mongolia, en Asia
PERIODO DE TIEMPO	Hace 70 millones de años
TAMAÑO	9-10 m (29,5-32,8 pies) de largo

A diferencia de la mayoría de los terópodos, que tenían tres dedos principales, el *Therizinosaurus* tenía cuatro dedos principales en cada una de sus patas traseras y un quinto dedo corto que no tocaba el suelo. Sus dedos eran fuertes y anchos, por lo que podían soportar todo su peso, que alcanzaba los 5000 kg (11.000 libras).

Ceratopsios

El nombre de estos comedores de plantas proviene del griego antiguo y significa «caras con cuernos». Los ceratopsianos posteriores tenían grandes cuernos y volantes que les cubrían el cuello. Probablemente estas características los ayudaban a atraer a su pareja. Además tenían un pico fuerte que usaban para romper ramas y hojas.

PENTACERATOPS

Su nombre significa «cara con cinco cuernos». Tenía un cuerno en la nariz, dos en las cejas y otros dos en las mejillas. También tenía cuernos triangulares en la cresta. Utilizaba su pico afilado y desdentado para cortar ramas de helechos, coníferas y cícadas. Masticaba este duro material con cientos de filas de dientes en forma de hoja.

PROTOCERATOPS

Fue un ceratopsiano primitivo que vivió hace 75-72 millones de años. Tenía un gran volante en el cuello hecho de hueso con agujeros cubiertos de piel que lo hacían más ligero. Carecía de cuernos, pero tenía una protuberancia ósea sobre las fosas nasales.

GRACILICERATOPS

Hace 96-89 millones de años, este ceratopsiano primitivo, de unos 2 m de longitud, era más pequeño que sus parientes posteriores. A diferencia de estos, más pesados, caminaba sobre dos patas. Su nombre significa «elegante cara con cuernos». Tenía un pequeño reborde que sobresalía de la parte posterior del cráneo.

TRICERATOPS

Este dinosaurio, el «cara de tres cuernos», llegó a medir 9 m de largo. Sus cuernos frontales medían alrededor de 1 m. A diferencia de otros ceratopsianos, tenía una cresta sólida sin agujeros cubiertos de piel. Vivió hace unos 68 o 66 millones de años, y desapareció junto con todos los demás dinosaurios.

KOSMOCERATOPS

Este dinosaurio tenía el cráneo más ornamentado, con cinco cuernos en la cara y diez cuernos curvados en la cresta. Sus huesos fueron descubiertos en 2006, en Utah, Estados Unidos. Tenía cinco dedos en las patas delanteras y cuatro en las traseras.

DIABLOCERATOPS

Además de los cuernos sobre los ojos, tenía dos largas púas en el cuello. Estas características probablemente le ayudaban a reconocer a otros miembros de su especie. Se cree que en la época de apareamiento, los dinosaurios con la cresta y los cuernos más robustos conseguían más parejas.

Algunos datos sobre los ceratopsios

CLASE	Reptiles
SUPERORDEN	Dinosaurios
SUBORDEN	Cerápodos
ÁREA DE DISTRIBUCIÓN	América del Norte, Europa y Asia
PERIODO DE TIEMPO	Hace 161-66 millones de años
TAMAÑO	1-9 m (3,3-30 pies) de largo

Velociraptor

Era un pequeño y veloz carnívoro. Pertenecía al grupo de dinosaurios terópodos emplumados. Perseguía presas pequeñas, como lagartos y mamíferos, pero también era lo bastante rápido como para atacar a un dinosaurio debilitado cuando lo veía.

ATRAPAR Y SUJETAR

Su nombre significa «rapaz» en latín. Gracias a su ligereza, este dinosaurio podía correr a gran velocidad sobre sus largas patas traseras, alcanzando los 40 km/h (28 millas por hora). Tenía una garra extralarga y curvada en el segundo dedo de cada pie, que levantaba del suelo mientras corría. Esta medía 6,5 cm en su borde exterior.

Cuando alcanzaba a su presa, saltaba sobre ella y la inmovilizaba con sus garras. Este método es utilizado por las aves de presa modernas como las águilas. El *Velociraptor* pudo haber desgarrado la carne de su víctima hasta hacerla morir por pérdida de sangre o por el *shock*. Tenía unos treinta dientes, pequeños y curvados, con bordes que le ayudaban a cortar la carne. Tenía un hocico largo y estrecho que le permitía alimentarse de animales pequeños o desgarrar a los más grandes.

DINOSAURIOS LUCHADORES

En 1971 se descubrieron restos fósiles de un *Velociraptor* y de un *Protoceratops* luchando, de unos 2,5 m de largo. Dado que el *Protoceratops* era más robusto, este fósil nos dice que el *Velociraptor* en cuestión podría haber sido extremadamente intrépido, tal vez porque estaba muy hambriento o porque era joven e inexperto. También es posible que este *Velociraptor* se haya dado cuenta de que el *Protoceratops* era viejo, estaba enfermo o herido.

Los dos animales se enzarzaron en un combate cuando quedaron sepultados por una tormenta de arena o a causa del colapso de una duna en el desierto en el que vivían. El *Velociraptor* estaba debajo de su presa, con una de sus garras extralargas clavada en la garganta del *Protoceratops*. Este último estaba mordiendo el brazo derecho de su atacante con su duro pico.

Algunos datos sobre el Velociraptor

CLASE	Reptiles
SUPERORDEN	Dinosaurios
SUBORDEN	Terópodos
ESPECIE	*Velociraptor mongoliensis*
ÁREA DE DISTRIBUCIÓN	Asia
PERIODO DE TIEMPO	Hace 75-71 millones de años
TAMAÑO	1,5-2 m (4,9-6,6 pies) de largo

El *Velociraptor* (derecha) y el *Protoceratops* vivían en un hábitat seco y arenoso. Los arbustos resistentes y de bajo crecimiento proporcionaban alimento a los herbívoros.

Frenchman

A lo largo del río Frenchman, en Canadá, hay una formación rocosa que ha revelado fósiles de algunas de las últimas especies de dinosaurios que estaban vivos cuando un meteorito impactó contra la Tierra hace unos 66 millones de años. Las rocas también contienen una capa de polvo que se asentó tras ese impacto mortal.

Cuando un meteorito de 10 km de diámetro se precipitó en el océano frente a la costa de lo que hoy es México, grandes olas inundaron la tierra y el intenso calor desató incendios forestales. El impacto generó nubes de polvo que bloquearon la luz solar durante un tiempo. Sin luz, las plantas murieron, seguidas de muchos herbívoros y, por último, de los carnívoros que se alimentaban de ellos.

Todos los dinosaurios y los pterosaurios se extinguieron, y alrededor de tres cuartas partes de los demás animales murieron con ellos. La mayoría de los supervivientes eran pequeños, necesitaban menos comida y eran flexibles en su alimentación. Luego, se conformaron con animales muertos, insectos y frutos secos hasta que el polvo se disipó y las semillas caídas se convirtieron en nuevas plantas.

EDMONTOSAURUS

Pariente del *Parasaurolophus*, este dinosaurio herbívoro vivía en manada y llamaba a su familia mientras pastaba. Llegó a medir 13 m de largo. A los pocos meses del impacto del meteorito, todos los *Edmontosaurus* habían muerto.

ALFADÓN

Este mamífero de 30 cm de longitud era omnívoro y encontraba fruta, semillas e invertebrados gracias a su aguda vista, su olfato y sus sensibles bigotes. Al igual que otros pequeños mamíferos, probablemente haya sobrevivido a la catástrofe.

CIMOLOPTERYX

Entre los supervivientes de la catástrofe se encontraban algunos de los dinosaurios que habían evolucionado hasta convertirse en aves. Las más pequeñas y desdentadas, como el *Cimolopteryx*, podían utilizar su duro pico para romper alimentos duraderos como las nueces y las semillas.

SPHAEROTHOLUS

Este paquicefalosaurio con cabeza de cúpula vivió en lo que hoy es Norteamérica hace 73-66 millones de años. Aunque se alimentaba tanto de hojas como de pequeños animales, fue víctima del hambre y de depredadores desesperados tras el impacto del meteorito.

THESCELOSAURUS

Cuando cayó el meteorito, este dinosaurio cuyo nombre significa «lagarto maravilloso» en griego antiguo, era uno de los herbívoros más comunes de lo que hoy es Norteamérica. Se alimentaba de plantas bajas, que masticaba con la ayuda de sus musculosas mejillas.

OPISTHOTRITON

Pertenecía a un grupo de anfibios conocidos como salamandras, que viven en la actualidad. Se alimentaba de invertebrados acuáticos y vivió hasta hace 64 millones de años.

Ovirraptóridos

Estos dinosaurios terópodos emplumados, cuyos fósiles solo se encontraron en Asia, tenían picos desdentados y afilados. Los utilizaban para cortar hojas, semillas y frutos secos, como la mayoría de los loros actuales. Es posible que algunos también picotearan lagartos e insectos.

OVIRAPTOR

Este dinosaurio, y su familia, toma su nombre de las antiguas palabras griegas que significan «ladrón de huevos». Fue bautizado en 1924, después de que se encontrara un fósil suyo sobre un nido de huevos que se supuso pertenecían al *Protoceratops*, lo que sugería que había muerto mientras intentaba robarlos. Estudios posteriores revelaron que los huevos pertenecían al propio *Oviraptor* y que este los calentaba como hace la mayoría de las aves actuales.

JIANGXISAURUS

Hallado en la provincia china de Jianxi, este dinosaurio tenía tres dedos con garras en cada mano, con los que podía agarrar ramas, frutas o incluso escarabajos. Sus brazos, demasiado cortos y débiles para ser verdaderas alas, tenían largas plumas útiles para calentar los nidos.

KHAAN

Los huesos de la cola sugieren que los machos tenían un gran abanico de plumas en ella, mientras que las hembras no. Al igual que los pavos reales modernos, los machos de *Khaan* podían mostrar su abanico para atraer a su pareja.

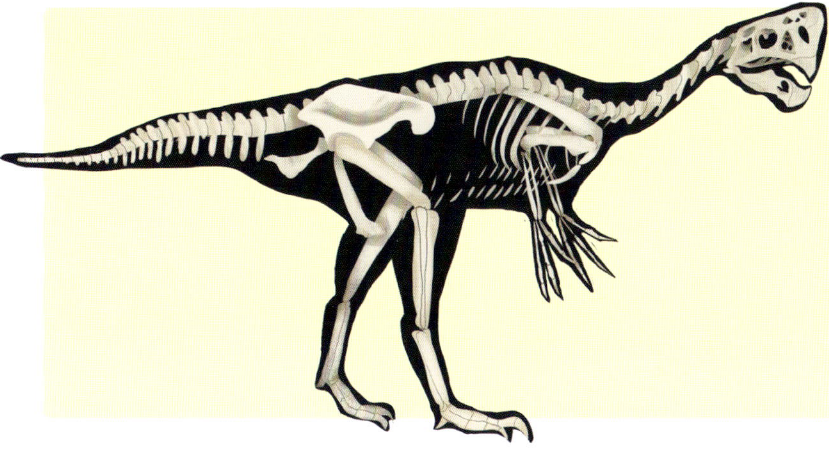

CITIPATI

De hasta 2,9 m de largo, tenía una cresta formada por huesos agrandados en el maxilar superior y en la nariz. Esta cresta y otros huesos del cráneo tenían muchos agujeros llenos de aire, lo que permitía que los sonidos reverberaran en su interior. Esto puede haber ayudado al *Citipati* a hacer llamadas fuertes dirigidas a su manada.

BANJI

Su nombre, de origen chino, remite a su «cresta rayada». Esta característica decorativa puede haberlo ayudado a atraer a su pareja. Solo se ha encontrado un fósil de *Banji* en la provincia china de Guangdong. Pertenecía a un dinosaurio joven de 65 cm de longitud.

Algunos datos sobre los ovirraptóridos

CLASE	Saurópsida
SUPERORDEN	Dinosaurios
SUBORDEN	Terópodos
ÁREA DE DISTRIBUCIÓN	Asia
PERIODO DE TIEMPO	Hace 84-66 millones de años
TAMAÑO	0,5-2,9 m (1,6-9,5 pies) de largo

OKSOKO

Debe su nombre a un águila de tres cabezas que aparece en los mitos de Asia. Los primeros fósiles de *Oksoko* que se descubrieron corresponden a un grupo que murió posiblemente en una inundación repentina o a raíz de un corrimiento de la Tierra.

Tyrannosaurus

Su nombre significa «lagarto tirano». Fue uno de los mayores carnívoros que pisaron la Tierra. El *Tyrannosaurus* tenía la mordida más fuerte que cualquier otro dinosaurio: más de 100 veces más potente que la de un ser humano.

CONSTRUIDO PARA MATAR

El *Tyrannosaurus* tenía 60 dientes curvados de hasta 30,5 cm (12 pulgadas) de largo. Su cráneo medía hasta 1,5 m (5 pies) de largo, con maxilares excepcionalmente gruesos y fuertes que se cerraban a presión mediante poderosos músculos.

Aunque tenía brazos cortos, eran lo suficientemente musculosos como para sujetar a una presa en apuros mientras el dinosaurio infligía una herida profunda y mortal con su mandíbula. Solo tenía dos dedos, pero cada uno estaba armado con una garra larga y afilada.

Los ojos de este dinosaurio estaban orientados hacia delante, lo que los ayudaba a colaborar juntos para juzgar la distancia y la velocidad de una presa que huía rápidamente. En cambio, muchos dinosaurios herbívoros tenían los ojos a los lados de la cabeza para vigilar a los depredadores. La forma del cráneo del *Tyrannosaurus* sugiere que una gran parte de su cerebro se dedicaba a analizar los olores, lo que le ayudaba a detectar presas a más de 1000 m de distancia.

El *Tyrannosaurus* tenía un cerebro relativamente grande en comparación con el tamaño de su cuerpo, lo que le daba un nivel de inteligencia similar al de un ave moderna. Esto significa que podía pensar y responder rápidamente a situaciones cambiantes, e incluso planear con antelación la mejor manera de acorralar a su desafortunada presa.

EL MEJOR CAZADOR

Al igual que los grandes carnívoros actuales, como los leones y los lobos, el *Tyrannosaurus* probablemente cazaba presas vivas. Además se alimentaba de animales muertos que encontraba, lo que se conoce como carroñar. Con 4 m (13,1 pies) de altura, el tamaño y la fuerza de este dinosaurio lo convirtieron en un depredador sin competencia, a menos que fuera joven o estuviera enfermo. El *Tyrannosaurus* podía elegir entre dinosaurios herbívoros tan grandes como el *Triceratops*, de 9 m de longitud, y el *Ankylosaurus*, de 8 m de longitud. Al igual que los leones y los lobos, puede que haya cazado en manada para acabar con la presa más grande de todas: el *Alamosaurus*.

Algunos datos sobre el Tyrannosaurus

CLASE	Reptiles
SUPERORDEN	Dinosaurios
SUBORDEN	Terópodos
ESPECIE	*Tyrannosaurus rex*
ÁREA DE DISTRIBUCIÓN	Norteamérica
PERIODO DE TIEMPO	Hace 68-66 millones de años
TAMAÑO	11-13 m (36-42,7 pies) de largo

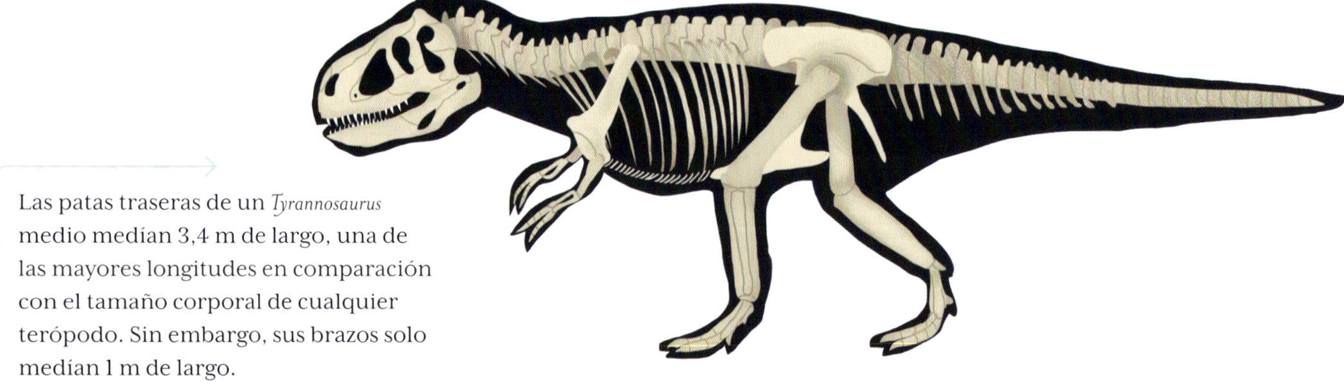

Las patas traseras de un *Tyrannosaurus* medio medían 3,4 m de largo, una de las mayores longitudes en comparación con el tamaño corporal de cualquier terópodo. Sin embargo, sus brazos solo medían 1 m de largo.

Se han encontrado marcas de mordeduras de *Tyrannosaurus* en fósiles de *Triceratops*. Las marcas sugieren que el *Tyrannosaurus* a menudo intentaba arrancar el volante del cuello del herbívoro para alcanzar su blando cuello.

Después de los dinosaurios

El tiempo transcurrido desde la muerte de los últimos dinosaurios, hace 66 millones de años, suele denominarse la Era de los Mamíferos. Los reptiles dominaron los periodos Triásico, Jurásico y Cretácico, y a partir de entonces llegó el turno de los mamíferos.

Mientras los dinosaurios estaban vivos, la mayoría de los mamíferos eran pequeños. Durante los siguientes millones de años, los mamíferos crecieron y se adaptaron a nuevos hábitats y estilos de vida. Al igual que los reptiles, algunos se adaptaron al agua. Los primeros mamíferos marinos evolucionaron hace unos 50 millones de años. Por ejemplo, la ballena azul es un mamífero marino conocido por ser el más grande que ha existido, con 29,9 m de largo y 199.000 kg de peso.

La Era de los Mamíferos también fue una época de éxito para las aves, los parientes vivos más cercanos de los dinosaurios. Estas evolucionaron a partir de los dinosaurios más pequeños, pero tras la extinción de sus grandes parientes, algunas aves se hicieron muy grandes y feroces. Al igual que los mamíferos, se trasladaron a nuevos hábitats y algunas perdieron la capacidad de volar para convertirse en veloces corredoras o nadadoras.

Los animales más inteligentes que han pisado la Tierra entre los mamíferos son los humanos. Junto con los simios y los monos, los humanos pertenecen a un grupo de mamíferos de cerebro grande conocidos como primates, que evolucionaron en las selvas tropicales más o menos en la época en que se extinguieron los dinosaurios. La llegada de los humanos modernos, hace unos 300.000 años, fue desastrosa para animales como los mamuts y los cocodrilomorfos, que fueron cazados por este depredador superior. La nueva oleada de extinciones que comenzó entonces fue la primera causada por una sola especie y continúa hoy en día, debido a actividades humanas descuidadas como la quema de combustibles, la tala de árboles y la contaminación por residuos. Sin embargo, el ser humano es también la primera especie a la que le gusta conocer y cuidar a otros animales.

El *Titanis*, de hasta 1,9 m de altura, era un ave veloz y no voladora. Fue uno de los mayores depredadores de lo que hoy es Norteamérica hace 5-1,8 millones de años.

Hace unos 13 millones de años, las selvas tropicales de Sudamérica rebosaban de mamíferos como el mono *Cebupithecia* y el gliptodonte *Boreostemma*. Protegido por escudos óseos, este último se alimentaba de plantas. Estas dos especies de mamíferos se extinguieron hace millones de años, pero el sapo de caña, un anfibio, sobrevivió hasta nuestros días.

Riversleigh

En el yacimiento de Riversleigh, en el norte de Australia, se han encontrado fósiles de unas 300 especies de animales. Hace unos 20 millones de años, esta zona era una selva tropical con mamíferos marsupiales.

Los marsupiales son mamíferos que dan a luz a crías diminutas y sin desarrollar, cuyas madres llevan en una bolsa en el abdomen. La mayoría de los mamíferos son placentarios y dan a luz a crías bien desarrolladas. Este método es más seguro para los bebés, pero menos seguro para las madres.

Los marsupiales evolucionaron en América hace 90 millones de años. Llegaron a Australia hace unos 50 millones de años a través de puentes terrestres. Empezaron a adaptarse a muchos hábitats y estilos de vida. Hoy, la mayoría de los mamíferos australianos son marsupiales, como hace 20 millones de años. También hay marsupiales en América, Nueva Guinea y en las islas circundantes.

NIMIOKOALA

De unos 30 cm de largo, este koala tenía casi un tercio del tamaño del koala moderno. Se alimentaba de las hojas de los árboles de la selva tropical y se extinguió cuando el clima se volvió más seco y esta región pasó de ser un bosque a convertirse en un matorral.

BALBAROO

Este canguro extinto tenía largos dientes caninos superiores, en la parte frontal, formando colmillos. Se alimentaba de plantas y es posible que los colmillos solo fueran utilizados por los machos para luchar por las hembras. A diferencia de los canguros modernos, el *Balbaroo* corría más que saltar.

NIMBADÓN

Este marsupial se alimentaba de tallos y hojas. Trepaba por los árboles de la selva tropical con la ayuda de sus afiladas garras, que retraía, es decir que tiraba hacia atrás, al caminar. Vivía en un grupo familiar.

LEKANELEO

A menudo llamado león marsupial, aunque no estaba emparentado con los felinos, este depredador tenía dientes largos y puntiagudos. Su cuerpo ágil le permitía trepar a los árboles para perseguir a sus presas o tenderles una emboscada desde una rama.

NIMBACINUS

Este depredador, de solo 50 cm de longitud, se alimentaba de pequeñas aves, mamíferos y reptiles. Junto con sus parientes, eran los depredadores más comunes de la selva tropical.

WONAMBI

Esta serpiente de hasta 6 m de longitud acechaba a los animales y se enroscaba alrededor de ellos. Los apretaba hasta que su corazón dejaba de latir.

Paraceratherium

Fue uno de los mamíferos terrestres más grandes de todos los tiempos. Alcanzaba unos 4,8 m de altura y 7,4 m de longitud. Podía pesar hasta 20.000 kg, el doble que los elefantes africanos, que son los mamíferos terrestres más grandes de la actualidad. Su nombre significa «bestia casi sin cuernos».

PARIENTE DEL RINOCERONTE

El *Paraceratherium* era pariente de los rinocerontes actuales. Como ellos, pertenecía al orden de los mamíferos perisodáctilos. También conocidos como ungulados impares, los animales de este orden suelen ser mamíferos con pezuñas (ungulados) y un número impar de dedos en cada pata. Los rinocerontes y los tapires tienen tres, y uno los caballos.

Al igual que sus parientes modernos, el *Paraceratherium* se alimentaba de plantas. Los huesos de su hocico sugieren que tenía un labio superior largo y flexible o trompa como la de un elefante, aunque mucho más corta. La utilizaba para agarrar hojas de arbustos y árboles. Cuando los dinosaurios desaparecieron, su gran tamaño, combinado con su largo cuello, le permitió alcanzar ramas que otros herbívoros no podían. Los rinocerontes modernos miden 1,8 m y se alimentan de hierbas y otras plantas bajas.

CUERNOS O ESPOLONES

Los rinocerontes modernos tienen cuernos que crecen desde la parte superior del hocico y están hechos de queratina, el mismo material que se encuentra en el pelo, las pezuñas y los picos. El *Paraceratherium*, en cambio, no tenía cuernos. Sus dientes delanteros tenían forma de colmillos incisivos. Posiblemente los utilizaba para hacer palanca, doblar y romper ramas, o para defenderse de los depredadores, aunque la mayoría de los carnívoros no eran grandes y representaban poco peligro. Es probable que los machos tuvieran colmillos más grandes que las hembras, y que funcionaran como una característica atractiva que les ayudaba a conseguir pareja. El rinoceronte moderno utiliza sus cuernos para fines similares, así como para excavar en busca de agua subterránea y empujar a los rinocerontes jóvenes en la dirección correcta.

Algunos datos sobre el Paraceratherium

CLASE	Mamíferos
ORDEN	Perisodáctilos
SUPERFAMILIA	Rinoceróntidos
ESPECIE	*Paraceratherium bugtiense*
ÁREA DE DISTRIBUCIÓN	Europa y Asia
PERIODO DE TIEMPO	Hace 34-23 millones de años
TAMAÑO	7,3-7,5 m (24-24,6 pies) de largo

Ningún fósil ha conservado la piel del *Paraceratherium*, pero los paleontólogos creen que era gruesa, arrugada y casi sin pelo, como la de los rinocerontes modernos. En la mayoría de los climas, los mamíferos de gran tamaño apenas necesitan pelo, ya que su propia temperatura corporal los mantiene calientes.

Forusrácidos

Estas aterradoras aves carnívoras alcanzaban los 3 m de altura. Al igual que el avestruz actual, eran incapaces de utilizar sus pequeñas alas para volar, pero podían correr a gran velocidad, hasta 48 km/h (30 millas por hora). Eran unos de los depredadores más grandes y feroces de su hábitat.

KELENKEN

Fue el ave terrorífica más grande que se haya conocido. Tenía alas pequeñas, pero patas largas y poderosas, y tres dedos grandes con garras para inmovilizar a sus presas. El cuarto dedo, más chico, no tocaba el suelo.
Su cráneo medía más de 70 cm de largo.
Tenía un pico ganchudo y afilado, de hueso y recubierto de un duro cuerno.

PHORUSRHACOS

Descubierta en 1887, esta ave recibió su nombre de las antiguas palabras griegas que significan «portador de arrugas», debido a la superficie arrugada de su mandíbula. Los paleontólogos determinaron que el *Phorusrhacos* y su familia evolucionaron a partir de aves que podían volar, capacidad que perdieron al hacerse más grandes y fuertes, convirtiéndose en depredadores terrestres de movimientos rápidos.

PARAPHYSORNIS

Era más voluminosa y achaparrada que sus parientes. Puede haber estado al acecho de su presa en lugar de correr en su persecución. Las crestas óseas protegían sus ojos del sol mientras observaba y esperaba.

ANDAGALORNIS

Con 1,4 m de altura, tenía un cuerpo y un pico más delgados y ligeros que la mayoría de las aves. Esto le permitía alcanzar presas escondidas entre las rocas. Probablemente no podía sujetar a las más grandes, y prefería golpearlas contra el suelo.

Algunos datos sobre los forusrácidos

CLASE	Aves
CLADO	Australaves
ORDEN	Cariamiformes
ÁREA DE DISTRIBUCIÓN	Norteamérica y Sudamérica
PERIODO DE TIEMPO	Hace entre 62 millones y 18.000 años
TAMAÑO	1-3 m (3,3-9,8 pies) de longitud

TITANIS

El cuello largo y fuerte de esta ave era adecuado para realizar repetidos movimientos punzantes, mientras que su pico ganchudo podía desgarrar la carne. Probablemente se alimentaba de grandes roedores y de unos herbívoros parecidos a los ciervos, conocidos como proteroterios.

PROCARIAMA

Su nombre significa «antes de la cariama», y hace referencia al ave moderna carnívora conocida como cariama crestada. Esta ave sudamericana, aunque solo alcanza los 90 cm de altura, es su pariente vivo más cercano.

Pozos de alquitrán de La Brea

Durante miles de años, un aceite pegajoso llamado alquitrán se filtró por el suelo en lo que hoy es Hancock Park, en Los Ángeles, Estados Unidos. El alquitrán atrapó y preservó lentamente a los animales. Hace unos 11.500 años, muchos animales enormes, conocidos como megafauna, vivían cerca de los pozos de alquitrán.

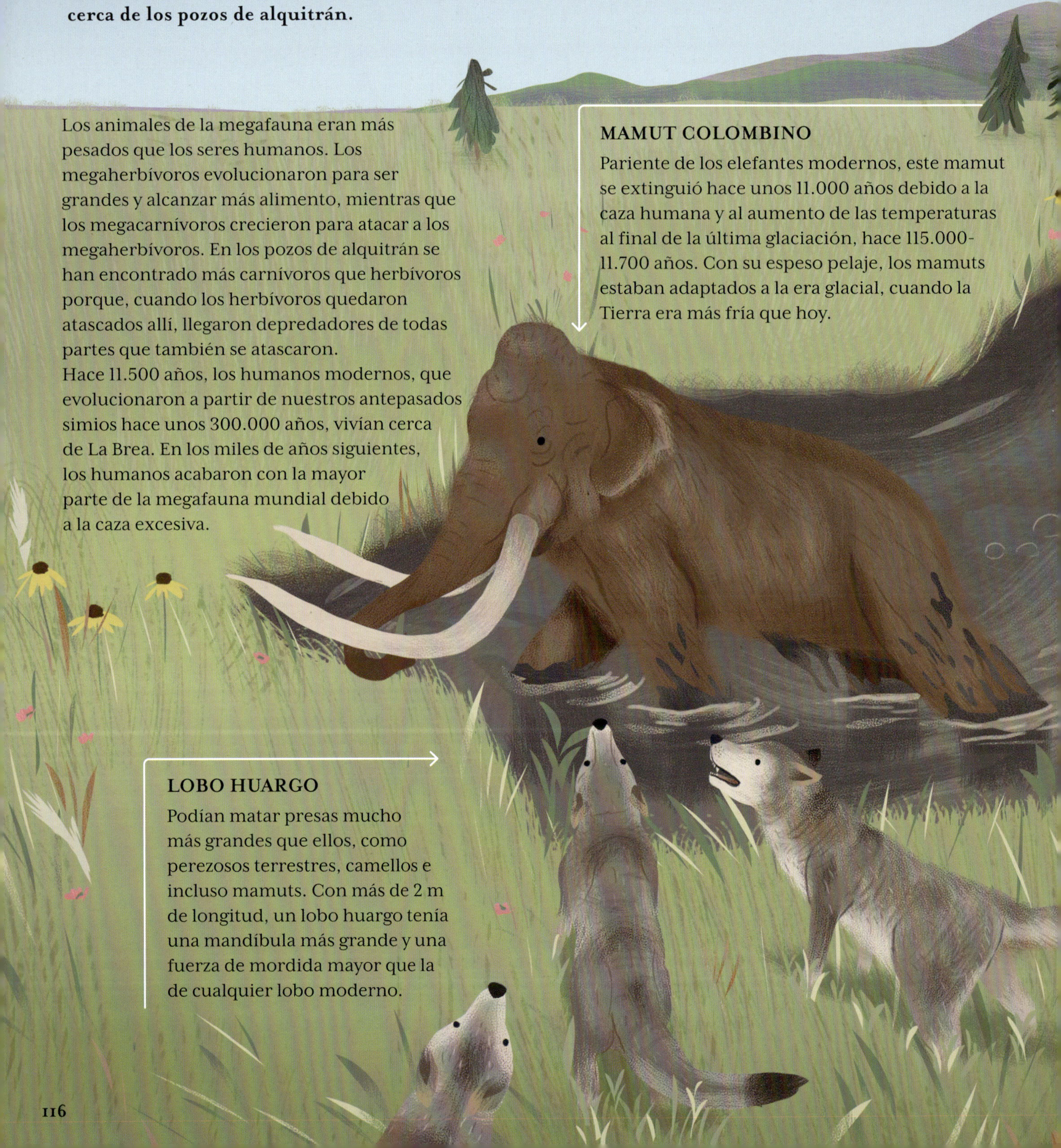

Los animales de la megafauna eran más pesados que los seres humanos. Los megaherbívoros evolucionaron para ser grandes y alcanzar más alimento, mientras que los megacarnívoros crecieron para atacar a los megaherbívoros. En los pozos de alquitrán se han encontrado más carnívoros que herbívoros porque, cuando los herbívoros quedaron atascados allí, llegaron depredadores de todas partes que también se atascaron.
Hace 11.500 años, los humanos modernos, que evolucionaron a partir de nuestros antepasados simios hace unos 300.000 años, vivían cerca de La Brea. En los miles de años siguientes, los humanos acabaron con la mayor parte de la megafauna mundial debido a la caza excesiva.

MAMUT COLOMBINO

Pariente de los elefantes modernos, este mamut se extinguió hace unos 11.000 años debido a la caza humana y al aumento de las temperaturas al final de la última glaciación, hace 115.000-11.700 años. Con su espeso pelaje, los mamuts estaban adaptados a la era glacial, cuando la Tierra era más fría que hoy.

LOBO HUARGO

Podían matar presas mucho más grandes que ellos, como perezosos terrestres, camellos e incluso mamuts. Con más de 2 m de longitud, un lobo huargo tenía una mandíbula más grande y una fuerza de mordida mayor que la de cualquier lobo moderno.

ÁGUILA DE WOODWARD

Esta rapaz, una de las águilas más grandes que han existido, tenía una envergadura de más de 3 m (9,8 pies). Se apoderaba de mamíferos y de reptiles con sus garras afiladas y curvadas.

CAMELOPS

Medía 3 m y pesaba 1000 kg. En la actualidad, los camellos solo viven en Asia y en África, pero evolucionaron en lo que hoy es Norteamérica hace unos 3 millones de años. No se sabe con certeza si el *Camelops* tenía una joroba para almacenar grasa como los camellos modernos.

SMILODON

Saltaba sobre presas grandes, atravesándolas con sus afiladas garras, y luego daba un mordisco en el cuello o en la cabeza con sus dientes caninos, que alcanzaban los 28 cm (11 pulgadas) de longitud. Tenía el tamaño de un león con huesos más voluminosos y músculos más fuertes.

PEREZOSO TERRESTRE DE JEFFERSON

Emparentado con los perezosos arborícolas modernos, este gigante de unos 3 m (9,8 pies) se desplazaba por el suelo en busca de hojas. Utilizaba sus largas garras para alcanzar las ramas altas y luego enroscaba su lengua flexible alrededor de las hojas.

Megalodón

Su nombre significa «diente grande» en griego antiguo. Fue probablemente el mayor tiburón, y uno de los peces más grandes que jamás haya existido. Dado que sus fósiles están incompletos, los paleontólogos no se ponen de acuerdo sobre el tamaño exacto de este enorme pez, pero podría haber alcanzado los 20,3 m, al menos 2 m más que el pez más grande de la actualidad, el tiburón ballena.

El *Megalodón* persigue a la *Eotaria*, una especie extinta de foca peletera. El tiburón probablemente podía nadar hasta 18 km/h (11 millas por hora) batiendo su cola en forma de media luna.

PECES ASESINOS

Los primeros peces evolucionaron hace unos 530 millones de años. Los tiburones ya nadaban en los océanos hace unos 420 millones de años. A diferencia de la mayoría de los peces, los tiburones tienen un esqueleto de cartílago ligero y flexible en lugar de hueso. Junto con el gran tiburón blanco actual, el *Megalodón* pertenecía al orden de los lamniformes, también conocidos como tiburones caballa. Al igual que su pariente moderno, el *Megalodón* era un depredador tan grande y de dientes tan afilados que, de adulto, no tenía competencia.

Con 18 cm (7 pulgadas) de largo, los dientes del *Megalodón* eran los más grandes de todos los tiburones conocidos. Eran afilados y con bordes que le ayudaban a cortar el hueso. El *Megalodón* tenía más de 250 dientes dispuestos en cinco filas. Cuando un diente de la primera fila se caía, los de las posteriores avanzaban para ocupar su lugar. Debido al tamaño de su enorme mandíbula y músculos maxilares, la fuerza de su mordedura era hasta diez veces superior a la del gran tiburón blanco.

FRENTE A LA COMPETENCIA

El *Megalodón* probablemente cazaba solo. Se alimentaba de ballenas pequeñas, pero también comía peces, delfines, focas y tortugas marinas. Se enfrentaba a la competencia de otros grandes depredadores, ahora extintos, como los cachalotes macroraptoriales, que alcanzaban los 17,5 m de longitud, y los delfines con dientes de tiburón, que alcanzaban los 6 m de longitud.

Se extinguió debido a una serie de cambios. El primero fue el enfriamiento de los océanos a medida que la Tierra entraba en un periodo de clima gélido. Al mismo tiempo, se extinguieron muchas especies de ballenas más pequeñas. Las supervivientes nadaban más rápido y eran más difíciles de capturar. El *Megalodón* también se enfrentó a la creciente competencia de nuevas especies, como el gran tiburón blanco, que alcanza los 6,1 m de longitud. Los océanos más fríos favorecían a este excelente cazador de presas más pequeñas y rápidas. Todo esto fue catastrófico para el *Megalodoón*.

Algunos datos sobre el Megalodón

CLASE	Peces cartilaginosos
ORDEN	Tiburones lamniformes
FAMILIA	Otodóntidos
ESPECIE	*Otodus megalodon*
ÁREA DE DISTRIBUCIÓN	Todos los océanos
PERIODO DE TIEMPO	Hace 23-3,6 millones de años
TAMAÑO	14-20,3 m (45,9-66,6 pies)

Crocodilomorfos

Entre los crocodilomorfos se incluyen los cocodrilos, los caimanes y los ghariales actuales, así como muchos reptiles extintos parecidos a los cocodrilos que vivieron antes, durante y después de la era de los dinosaurios. Los crocodilomorfos modernos son los parientes vivos más cercanos de las aves, ya que ambos son los únicos supervivientes entre los reptiles arcosaurios, grupo que incluía a dinosaurios y pterosaurios.

HESPEROSUCHUS

Este pequeño crocodilomorfo primitivo medía alrededor de 1,2 m de largo. A diferencia de los crocodilomorfos modernos, que pasan parte de su vida en el agua y parte en tierra firme, vivía solo en la tierra, corriendo velozmente en busca de insectos y pequeños reptiles. Tenía un hocico largo y dentado, y un cuerpo protegido por escudos.

DAKOSAURUS

Con sus extremidades y su cola con forma de aletas, el *Dakosaurus* era un nadador más eficiente que los crocodilomorfos modernos. Pasó la mayor parte de su vida en el mar, posiblemente dando a luz a crías vivas en el agua, a diferencia de todos los crocodilomorfos vivos, que ponen huevos en la tierra.

PURUSSAURUS

Es posiblemente el crocodilomorfo más grande que haya existido. Puede haber superado los 10,9 m de longitud. Sus ojos, orificios nasales y orejas se encontraban en la parte superior de la cabeza, lo que sugiere que yacía casi sumergido en el agua mientras esperaba el paso de sus presas, como peces, tortugas y delfines. Se extinguió hace unos 5 millones de años.

MEKOSUCHUS

Medía unos 2 m de longitud. Se encontraba en Australia y en las islas del Pacífico Sur hasta hace unos 3000 años, cuando fue cazado por el ser humano hasta su extinción. Fue el último crocodilomorfo superviviente que vivió únicamente en la tierra.

MOURASUCHUS

Tenía un hocico más ancho y plano que sus parientes, y una mordida más débil. Es posible que se alimentara arrastrando su boca abierta por el agua, engullendo bancos enteros de peces pequeños. Después apretaba los músculos de la garganta para expulsar el líquido, reteniendo a sus presas con los dientes.

Algunos datos sobre los crocodilomorfos

CLASE	Reptiles
SUPERORDEN	Arqueosaurios
CLADO	Pseudosuquios
ÁREA DE DISTRIBUCIÓN	Todos los continentes
PERIODO DE TIEMPO	Hace 235 millones de años hasta la actualidad
TAMAÑO	1-10,9 m (3,3-35,8 pies) de longitud

GRYPOSUCHUS

Medía hasta 10 m de largo, era casi 4 m más largo que un delfín y 4 m más largo que el cocodrilo actual de agua salada más grande. Vivía en los pantanos y ríos de Sudamérica hace 16-5 millones de años.

Preguntas y respuestas

¿CUÁL ERA EL TAMAÑO DEL DINOSAURIO MÁS GRANDE?

El dinosaurio conocido más grande fue el *Argentinosaurus*, un herbívoro que vivió en lo que hoy es Sudamérica hace 96-92 millones de años. Pesaba hasta 75.000 kg (165.000 libras) y medía 35 m (114,8 pies) de largo.

¿QUÉ DINOSAURIO ERA EL MÁS PEQUEÑO?

Varios dinosaurios emplumados y carnívoros compiten por el título, pero uno de los más pequeños fue el *Anchiornis*, que vivió en lo que hoy es China hace 163-145 millones de años. Media 34-40 cm de largo y pesaba 0,25 kg.

¿QUÉ DINOSAURIO TENÍA LOS DIENTES MÁS GRANDES?

Los dientes más grandes pertenecían a uno de los carnívoros más feroces que jamás haya pisado la Tierra, el *Tyrannosaurus*. Estos eran afilados y medían 30,5 cm de largo.

¿CUÁL ERA EL TAMAÑO DEL INSECTO MÁS GRANDE QUE HA EXISTIDO?

El *Meganeura monyi* vivió hace unos 300 millones de años, y medía más de 70 cm de una punta a otra de las alas.

¿QUÉ TAMAÑO TENÍA EL TIBURÓN MÁS GRANDE QUE HA EXISTIDO?

El tiburón más grande conocido, el *Megalodón*, llegó a medir 20,3 m de largo. Es posible que llegara a pesar 59.000 kg.

¿CUÁLES FUERON LOS PRIMEROS ANIMALES EN VOLAR?

Los primeros animales voladores fueron los insectos, hace unos 325 millones de años. Los siguientes fueron los reptiles voladores conocidos como pterosaurios (en la imagen), que volaron hace 228 millones de años. Los dinosaurios con alas volaron hace 160 millones de años y evolucionaron lentamente hasta convertirse en aves. Los únicos mamíferos capaces de volar de verdad, los murciélagos, evolucionaron hace 50 millones de años.

¿QUÉ DINOSAURIO CORRÍA MÁS RÁPIDO?

El dinosaurio carnívoro *Gallimimus* fue uno de los más rápidos. Con hasta 6 m de longitud, tenía patas largas y una estructura delgada. Se estima que corría a una velocidad de hasta 56 km/h (35 millas por hora).

¿QUÉ DINOSAURIO TENÍA LOS CUERNOS MÁS LARGOS?

Los cuernos más largos pertenecían al herbívoro *Triceratops* y a sus parientes cercanos. Sus dos cuernos frontales medían hasta 1 m de largo.

¿QUÉ DINOSAURIO TENÍA LAS GARRAS MÁS LARGAS?

Las garras más largas, que pertenecían al herbívoro *Therizinosaurus*, medían 1 m (3,3 pies) de largo. Aunque es probable que este las utilizara para defenderse, le servían sobre todo para arrancar las hojas que tenía a su alcance.

¿QUEDAN DINOSAURIOS VIVOS HOY EN DÍA?

Los dinosaurios desaparecieron hace 66 millones de años, después de que una roca espacial gigante, llamada meteorito, impactara contra la Tierra. Sin embargo, algunos dinosaurios ya habían desarrollado picos, plumas y alas, y habían evolucionado hasta convertirse en aves. En la actualidad hay 10.000 especies de aves vivas.

Glosario

anfibio
Animal que pone huevos en el agua y suele pasar en ella parte de su vida y otra parte en la tierra, como la rana.

animal
Ser vivo que se alimenta de otros seres vivos, puede sentir y responder al mundo que le rodea, y puede moverse.

anquilosaurio
Dinosaurio tireóforo con escudos defensivos y, a veces, una maza en la cola.

arcosaurio
Animal cuyo cráneo presenta un orificio entre la cuenca ocular y la fosa nasal, y otro en la parte posterior de la mandíbula. Los dinosaurios, los pterosaurios, los cocodrilos y las aves son arcosaurios.

área de distribución
Zona en la que se encuentra un ser vivo.

atmósfera
Capa gaseosa que envuelve la Tierra y se mantiene unida al planeta por la fuerza de la gravedad.

ave
Animal que pone huevos de cáscara dura y tiene pico, alas y plumas.

bacteria
Ser vivo diminuto con una parte funcional denominada célula.

baya
Fruto carnoso o pulposo con semillas rodeadas de pulpa

branquia
Órgano que toma oxígeno del agua.

cambio climático
Cambios a largo plazo de las temperaturas y los patrones climáticos.

camuflaje
Manera en que el patrón y la forma de un animal lo hacen menos visible en su hábitat.

carnívoro
Animal que se alimenta de otros animales.

caparazón
Cubierta o envoltura rígida (calcárea u ósea) que protege total o parcialmente el cuerpo de algunos animales.

cerápodo
Dinosaurio herbívoro con pico y dientes estriados.

ceratopsia
Dinosaurio cerápodo que a menudo tenía cuernos y un collar.

cícada
Antiguo grupo de plantas que ha conservado ciertos caracteres primitivos.

cinodonte
Miembro de un grupo de animales que incluye a los mamíferos y sus antepasados.

clado
Agrupación que contiene un antepasado común y todos los descendientes (vivos y extintos) de ese antepasado.

clase
Grupo científico que incluye animales con el mismo plan corporal, como aves o mamíferos.

conífera
Árbol que produce semillas dentro de conos y tiene hojas en forma de aguja o escamas que suelen permanecer en el árbol todo el año.

continente
Extensa superficie de tierra, normalmente separada de otra por un océano. En la actualidad existen seis continentes: África, Antártida, Asia, Australia, Europa y América.

cuerno
Crecimiento óseo puntiagudo en la cabeza de algunos animales. También puede ser de queratina, al igual que las escamas, plumas, picos, garra, uñas y pelo.

cresta
Crecimiento de hueso, escamas, plumas, piel o pelo en la cabeza o el lomo de un animal.

Cretácico
Periodo de la historia de la Tierra que duró de 145 a 66 millones de años.

depredador
Animal que caza a otros animales.

desdentado
Que carece de dientes o tiene muy pocos.

dinosaurio
Reptil terrestre extinguido que caminaba con las patas traseras directamente debajo del cuerpo.

dromaeosaurio
Pequeño dinosaurio terópodo con una garra extragrande en cada pata trasera.

envergadura
Anchura de las alas extendidas de un animal volador, de punta a punta de las alas.

erguir
Poner una cosa en posición vertical.

escama
Pequeña placa dura que crece en la piel de la mayoría de los peces y reptiles.

escudo
Placa ósea con una cubierta córnea.

esmalte
Tejido duro y calcificado que cubre la dentina del diente.

especies
Grupo de seres vivos de aspecto muy similar y que pueden aparearse entre sí.

espolón
Crecimiento de hueso cubierto por una vaina de cuerno.

espina
Hueso largo y puntiagudo, o parte del cuerpo. La espina dorsal es la columna de un animal.

espiráculo
Orificio respiratorio de algunos animales.

esquisto
Roca metamórfica de estructura laminar, que resulta de la transformación de la arcilla sometida a grandes presiones.

estegosaurio
Dinosaurio tireóforo con hileras de placas a lo largo de la espalda y pares de púas al final de la cola.

evolución
Proceso por el que una especie se transforma en otra a lo largo de millones de años, mediante la transmisión de características de una generación a la siguiente.

extinción
Muerte total de una especie.

familia
Grupo de especies estrechamente emparentadas, de modo que se parecen y se comportan de forma muy parecida. Por ejemplo, los leones y los tigres pertenecen a la familia de los felinos.

filo
Grupo de organismos de ascendencia común que tienen un mismo modelo de organización.

fósil
Restos de un animal o una planta que murió hace mucho tiempo, conservados en la roca.

garra
Mano o pie de un animal que tiene uñas fuertes, curvas y afiladas.

gimnospermas
Grupo de plantas productoras de semillas

hábitat
Hogar natural de un animal, una planta u otro ser vivo.

helecho
Planta sin flores que tiene frondas plumosas u hojosas y crea nuevas plantas liberando diminutas esporas.

herbívoro
Animal que se alimenta de plantas.

hocico
Nariz y boca de un animal.

insecto
Invertebrado con seis patas y cuerpo tripartito.

invertebrado
Animal sin columna vertebral, como un calamar, una araña o un insecto.

Jurásico
Período de la historia de la Tierra que duró de 201 a 145 millones de años.

mamífero
Animal al que le crece pelo en algún momento de su vida y que alimenta a sus crías con leche, como el gato o el ser humano.

manada
Grupo numeroso de animales de una misma especie que van juntos.

marina
Sustancia natural sólida que se forma en la tierra o en el agua.

marisma
Terreno pantanoso situado por debajo del nivel del mar, que ha sido invadido por las aguas del mar o de una ría.

materia
Componente principal de los cuerpos, susceptible de toda clase de formas y de sufrir cambios, que se caracteriza por un conjunto de propiedades físicas o químicas, perceptibles a través de los sentidos.

matorral
Campo sin cultivar, cubierto de matas espesas, arbustos y césped.

maxilar
Cada una de las dos piezas óseas que forman la boca de los vertebrados y en las cuales están alojados los dientes.

meteorito
Fragmento de una roca espacial que cae sobre la Tierra.

nido
Refugio que construyen las aves con hierbas, ramas, plumas u otros materiales blandos para poner sus huevos y albergar a sus crías.

nodosaurio
Anquilosaurio con protuberancias y púas en el cráneo, pero sin cola.

nutriente
Sustancia necesaria para el crecimiento y la salud de los seres vivos.

omnívoro
Animal que se alimenta tanto de plantas como de animales.

orden
Grupo de familias estrechamente emparentadas. Por ejemplo, el gato y las familias de los perros pertenecen al orden Carnivora, que se alimenta de carne.

oxígeno
Gas que se encuentra en el aire y también forma parte del agua. Los animales necesitan oxígeno para vivir.

paleontólogo
Científico que estudia los fósiles.

paquicefalosaurio
Dinosaurio cerápodo con un cráneo grueso y a menudo abovedado.

pareja
Compañero o compañera para tener hijos.

periodo
Espacio de tiempo durante el cual se realiza una acción o se desarrolla un acontecimiento.

pez
Animal acuático, generalmente con aletas y escamas, que toma oxígeno del agua mediante branquias.

planta con flores
Planta que produce flores y nuevas plantas mediante la producción de semillas contenidas en los frutos.

pluma
Crecimiento ligero y con flecos de la piel de las aves y de algunos dinosaurios. Una pluma tiene un tallo central duro, con hilos más suaves que crecen a ambos lados. Las plumas están hechas de queratina, que también se encuentra en las escamas y el pelo.

presa
Animal al que mata otro animal para alimentarse.

pseudosuquio
Reptil volador con alas hechas de piel estirada sobre un largo cuarto dedo. Los pterosaurios eran parientes de los dinosaurios.

queratina
Material duro que se encuentra en escamas, plumas, picos, garras, uñas y pelo.

sauropodomorfo
Dinosaurio herbívoro de cuello largo.

segmento
Trozo o parte separada de una cosa.

selva tropical
Bosque espeso que se encuentra en zonas lluviosas durante todo el año.

sésil
Que carece de un órgano que sirva de pie o soporte.

shock
Afección potencialmente mortal que se presenta cuando el cuerpo no está recibiendo un flujo de sangre suficiente.

rasgo
Característica específica de un individuo.

reptil
Animal que suele poner huevos en tierra y tiene la piel cubierta de escamas.

tetrápodo
Animal con cuatro extremidades o con antepasados de cuatro extremidades, como un anfibio, un reptil, un ave o un mamífero.

tireóforo
Dinosaurio herbívoro con escudos protectores.

titanosaurio
Un enorme sauropodomorfo con una cabeza relativamente pequeña.

Triásico
Período de la historia de la Tierra ocurrido hace 252-201 millones de años.

vadear
Atravesar un río u otra corriente de agua por un vado.

vértebra
Pequeño hueso que forma la columna vertebral.

vertebrado
Animal con columna vertebral: pez, anfibio, reptil, ave o mamífero.

vulnerable
Que puede ser herido o sufrir una lesión.

Índice